特長と使い方

～本書を活用した大学入試対策～

□ **志望校を決める（調べる・考える）**

入試日程、受験科目、出題範囲、レベルなどが決まるので、やるべきことが見えやすくなります。

□ **「合格」までのスケジュールを決める**

基礎固め・苦手克服期…受験勉強スタート～入試の 6 か月前頃

・選択式・記述式など、さまざまな出題形式に慣れていきましょう。
・本文を読む際には、筆者の主張や登場人物の心情など、それぞれの文章のポイントを意識しましょう。

応用力養成期…入試の 6 か月前～ 3 か月前頃

・身につけた基礎を土台にして、入試レベルの問題に対応できる応用力を養成します。
・志望校の過去問を確認して、出題傾向、解答の形式などを把握しておきましょう。
・模試を積極的に活用しましょう。模試で課題などが見つかったら、**『大学入試 ステップアップ 現代文【基礎】』**で復習して、確実に解けるようにしておきましょう。

実戦力養成期…入試の 3 か月前頃～入試直前

・**『大学入試 ステップアップ 現代文【標準】』**で実戦力を養うとともに、過去問に取り組みましょう。

□ **志望校合格！！**

◎例年出題される評論の主要なテーマ（文芸・社会・歴史・思想・言語など）はもちろん、近年世間の耳目を集めた本を出典とする問題も多く見られます。ホットなテーマにもアンテナを張りつつ、苦手ジャンルを作らないように、幅広い読書に努めましょう。

◎評論においては、**結論に至る筆者の論理展開にきちんと追従できるよう、各意味段落の論旨を明快なものとしておさえつつ、その妥当性について批判的に読む癖をつけましょう。**入試の評論では、主張そのものはシンプルでも込み入った議論が展開されることがあります。意識して能動的な読みを心がけるとともに、本文要約などの作業にも取り組み、そうした議論をまとめ上げる力を養っていきましょう（解答解説参照）。

◎小説や随筆などでも、出題される文章は論理的な解釈が可能なものに限られます。**細部の描写を丁寧に読み、筋道立った推察によって、登場人物の感情の機微を汲み取れるようにしましょう。**自己の感覚に頼った読解は避けること。

◎どのような種類の文章であれ、出題される文章量が増えていることもあり、正確かつ短時間で読み通すためにも**語彙力の強化は必須**です。また、例年共通テストだけでなく多くの私立大学において、**語句そのものの意味を問う問題が出題されています。**それらを取りこぼしなく正解できるようにするためにも、普段から語彙集なども利用して学習を進めていくようにしましょう。

～本書のしくみ～

本冊

見開き４ページで１単元完結になっています。

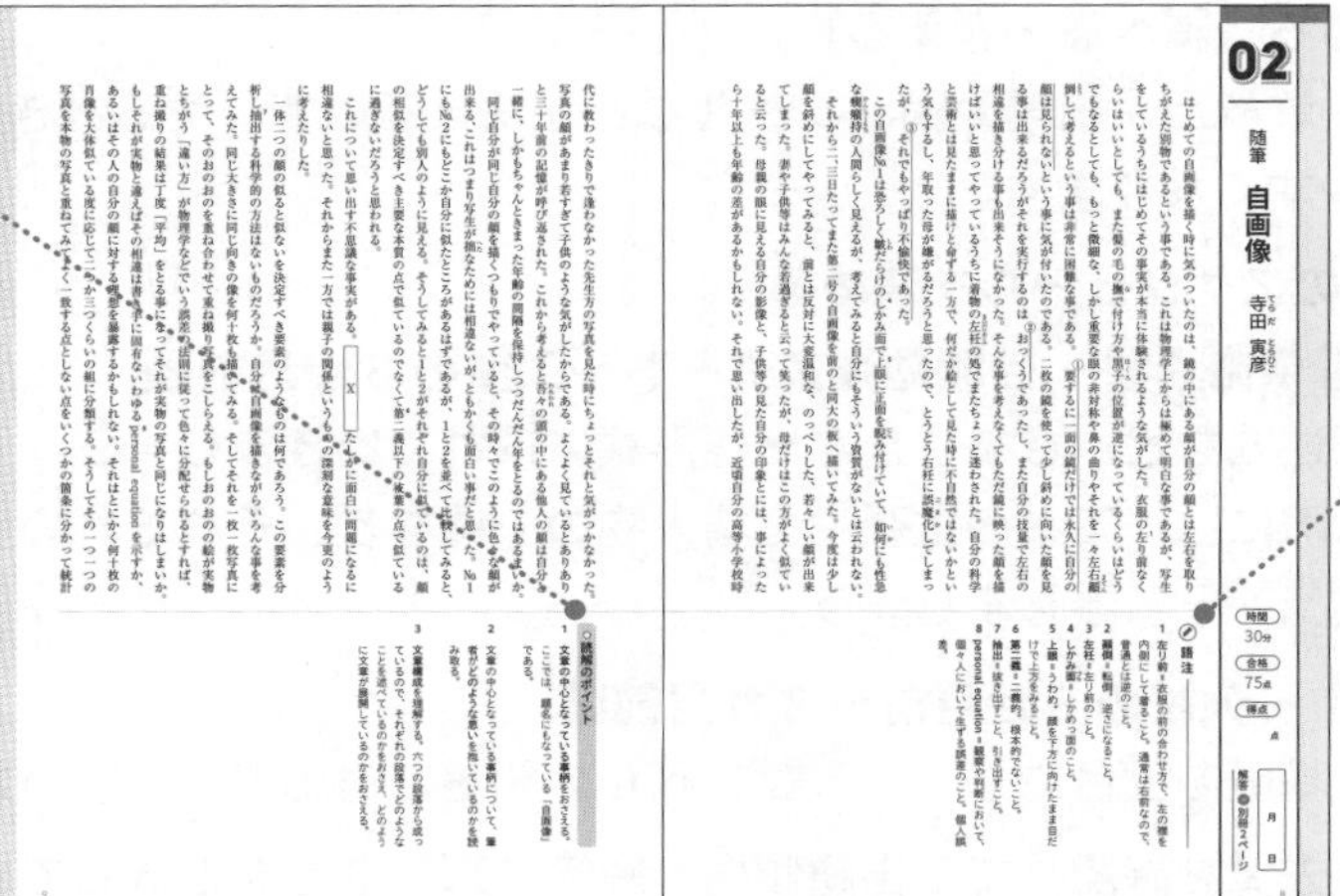

○読解のポイント
本文の特徴などのポイントを紹介しています。

☆重要な問題
ぜひ取り組んでおきたい問題には、問題番号の横に☆をつけています。状況に応じて効率よく学習を進めるときの目安になります。

語注
文中に出てくる重要な言葉は、語注で意味を紹介しています。

〈４ページ目〉　〈３ページ目〉

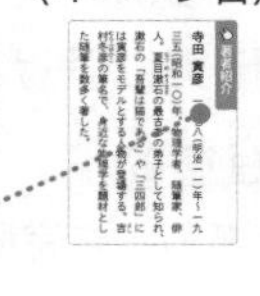

著者紹介
本文の著者に関わる内容を紹介しています。

参考
本文の内容などに関わる補足事項を紹介しています。

解答・解説

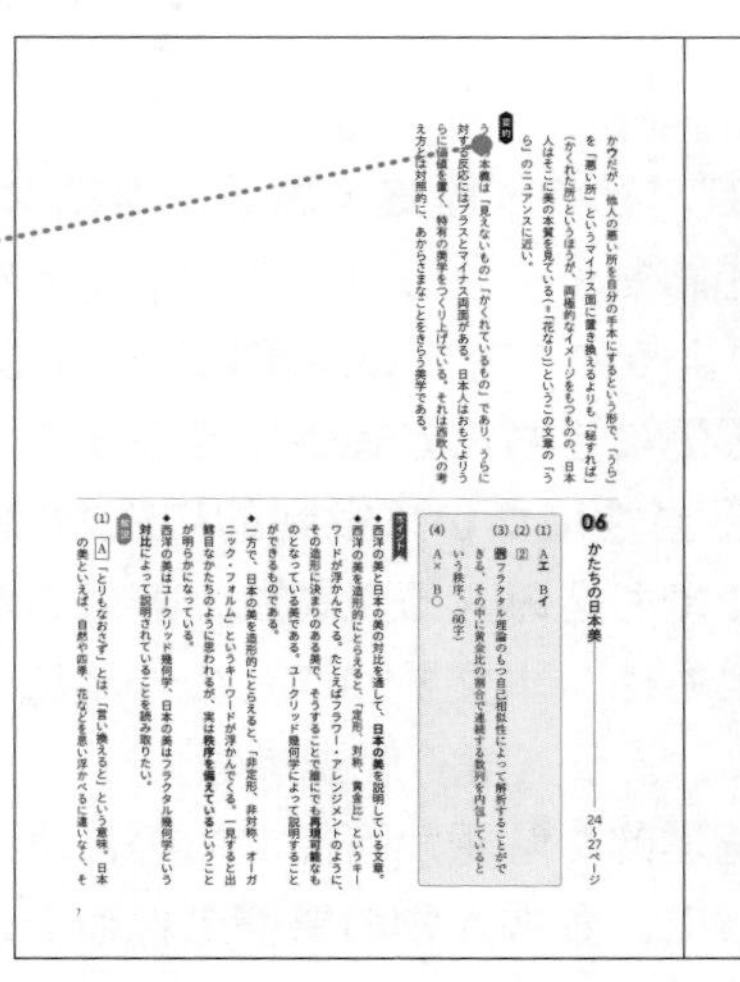

要約
評論文や論説文では本文の要約を紹介しています。

ポイント
本文の流れや要点などを紹介しています。

解説
解答を導く方法などを丁寧に解説しています。

本書の活用例

◎何度も繰り返し取り組むとき、１巡目は全問→２巡目は１巡目に間違った問題…のように進めて、全問解けるようになるまで繰り返します。

◎ざっと全体を復習したいときは、各単元の☆だけ取り組むと効率的です。

目次

Date

本書に関する最新情報は、小社ホームページにある**本書の「サポート情報」**をご覧ください。（開設していない場合もございます。）

なお、この本の内容についての責任は小社にあり、内容に関するご質問は直接小社におよせください。

01

評論　知的創造のヒント

外山(とやま)滋比古(しげひこ)

時間　30分
合格　70点
得点　　点

月　日

解答 ▶ 別冊1ページ

ながら族というのがある。ラジオをききながら勉強する受験生がその走りだったといわれる。そんないい加減な気持で何ができる、集中しなくては、と大人はやかましくいうが、考えてみると、ながら族にも言い分がありそうだ。

タブララサ[1]が望ましいには望ましいが、あまり、何もなさすぎるとかえって落ち着かない。勉強するには、静かな方がいいが、静かすぎると、こんどは静かさが気になる。こういう静寂は一種の騒音効果をもつから、それをうっすら抑えてやる方がいい。黒板に文字が多すぎても困るが、そうかといって、全然何もないのもまた不安である。それですこしじゃまを入れておいた方がかえって集中しやすい。製氷するとき水中の気泡を抜かないと、氷が白く濁る。気泡を抜く必要があるが、そのためには水の中へ逆に空気を送り込む。そうすると、小気泡が空気に吸いとられて透明な氷になる。ながら族のラジオにもいくらかそれに似たところがある。

精神を自由にするには、肉体の一部を拘束して、いくらか不自由にする方がいいらしい。中国の宋時代の詩人、欧陽修が三上つまり馬上・ⓐ枕上・厠(し)上[2]を妙案の浮ぶ場所としてすぐれていると考えたのも、それぞれ、完全に自由にならない立場にあるからだといえそうである。馬上にしても、枕上にしても、トイレの中にしても、ほかにすることとてないが、そうかといって、別にほかのことをするわけにもいかない。そういう状況でものを考えるのも、〝ながら族〟の一種である。欧陽修はながら族の大先輩かもしれない。

われわれは当面のこと、関心のあることに心をひかれる。関心をもつというのは、そのほかのことに心が向かないことで、気にかかる大問題をかかえる人が、ときとして、とんだ失敗をやらかすのは、注意が一点に集中していて、ほかが留守になるためである。

語注

1 **タブララサ**＝哲学用語。文字などが消し去られた板の意味で、白紙の状態を表す。生まれながらの人間の心には、生得観念（人間が生まれながらにもっている観念）はないという主張をたとえたもの。ここでは単に、集中を乱すものが何もない状態を表す。
2 **厠上**＝便所にいる状態。厠(かわや)は便所のこと。
3 **離脱**＝抜け出ること。
4 **遊離**＝他から離れていること。
5 **出家**＝俗世間を捨てて仏門に入ること。
6 **隠遁**＝世を逃れ隠れること。
7 **雲水**＝行脚(あんぎゃ)する僧のこと。

したがって、なるべく、①些細なことに関心が向けられている方が精神の自由には好都合である。三上はそういう状態をつくり出すのに適しているということであろう。

ものごとに執着するのは、心の自由にとって大敵である。人間はどうしても、自分を中心にものを見、考えがちで、それが関心と呼ばれる。

英語でこの関心のことをインタレスト(interest)というのは面白い。インタレストとは利害関係のあることで、したがって、関心ともつながり、おもしろさ、興味ともかかわってくる。何かに関心をもつというのは、それと利害関係をもつことであって、精神の自由はそれだけ制約される。いろいろな知識をもっているというのは、さまざな利害関係でがんじがらめになっていることを意味する。そういう頭脳では自由奔放なことを考えるのは困難であろう。

そこで、自然の、あるいは意識的な、忘却が重要となる。もろもろのインタレストのきずなから解放されるのが忘却で、それには日常性からの離脱[3]が求められる。仕事や勉強だけしていては、忘れることが難しく、利害関係の網の目からものがれられない。

②三上はささやかな日常性からの遊離[4]である。出家[5]、隠遁(いんとん)[6]、雲水(うんすい)[7]の旅に漂泊するというのは、生涯をかけたカタルシスである。

そうして、心をしばるもろもろの関係を切りおとして、無心の境に達して悟りが生まれ、発見が可能になる。英語の disinterestedness は、公平でⓑシシンのない状態の意味だが、インタレストを超越したということである。これが容易に達することのできない心境であることは修養の上でもいいうることだが、思考においても、このディスインタレステッドネスこそ最高のタブラサである。

ものを考えようとすれば、ある特定の問題に心を寄せなくてはならないが、関心をもつとたちまち、心の磁場にゆがみが生じる。ものがあるべきように見えないで、あってほしいと思う形をとるようになる。思考は不自由にならざるを得ない。③はげしい関心をもちながら関心の拘束から自由になり、インタレストをもちながらディスインタレステッドネスの状態

読解のポイント

1 **話題の中心**をとらえる。ここでは、「精神の自由と関心の忘却」が話題になっている。

2 話題の中心と**具体的な例**、また、**筆者の説明の部分**をそれぞれ明らかにし、**文章の構造**をとらえる。

3 **接続語**が少ないので、前文との関係に気をつけながら注意深く読み取る。

4 **指示語**の内容を明らかにして、文章の接続関係を読み取る。

をつくり出さなくてはならない。
思考の□はそこにある。

(1) **傍線部ⓐ・ⓑについて、ⓐの漢字は読みを書き、ⓑのカタカナは漢字に直せ。**（10点×2）

ⓐ（　　　）ⓑ（　　　）

(2)☆ **傍線部①「些細なことに関心が向けられている方が精神の自由には好都合である」とあるが、なぜこのように言えるのか。最も適切なものを次から選び、記号で答えよ。**（20点）

ア 些細な事柄への関心が思考の拡がりをもたらすから。
イ 些細な事柄にこそ、妙案の浮ぶヒントがかくされているから。
ウ 些細な事柄への関心が一つの問題に執着することを妨げるから。
エ 些細な事柄に関心を向けることで日常から離れた思考が可能になるから。
オ 些細な事柄への関心が、思考の転換や新たな発想へとつながるから。

（　　　）

(3) **傍線部②「三上はささやかな日常性からの遊離である」とあるが、これはどのようなことを意味しているのか。最も適切なものを次から選び、記号で答えよ。**（20点）

ア 三上において人は、日常的な義務や役割を一時的に離れざるを得ない。

（　　　）

参考

■言葉を整理する

評論文の場合、異なる分野を引き合いに出したり、例をいくつか挙げたりして説明することが多い。たくさんの用語が出てくるが、同じことを表現している言葉を集め、どれか一つの言葉に代表させるようにすると、わかりやすくなる。

課題文でいえば、「関心をもつ＝注意が一点に集中する＝執着する＝インタレスト＝利害関係をもつ＝心をしばるもろもろの関係＝ある特定の問題に心を寄せる」と整理し、これを「関心をもつ」で代表させているととらえるとよい。

イ 三上において人は、気分を一新し、落ち着いてものを考えることができる。

ウ 三上において人は、精神を休養させ、自由を取り戻すことができる。

エ 三上において人は、日常の人間関係の煩わしさから一時的に離脱することができる。

オ 三上において人は、日常性の中で「怠ける」時間を得ることができる。

(4)☆ **傍線部③「はげしい関心をもちながら関心の拘束から自由になり」とあるが、この箇所は、その直前の文章とのつながりが緊密ではない。間にどのような表現を補えば、緊密なつながりとなるか。最も適切なものを次から選び、記号で答えよ。**(20点)

（　　）

ア だからこそ

イ そればかりでなく

ウ にもかかわらず

エ それならば

オ そこで

(5) □**に入る語句として最も適切なものを次から選び、記号で答えよ。**(20点)

（　　）

ア 矛盾　**イ** 解放　**ウ** 自由

エ 逆説　**オ** 創造

[立教大]

著者紹介

外山 滋比古 一九二三(大正一二)年〜二〇二〇(令和二)年。愛知県生まれ。英文学者・評論家・エッセイスト。英文学、言語、教育など広い分野で活躍しており、「思考の整理学」「知的創造のヒント」「日本語の論理」など著書多数。入試問題頻出作家のひとりである。

02

随筆 自画像

寺田寅彦

時間 30分　合格 75点　得点　　点

月　日

解答 別冊2ページ

　はじめての自画像を描く時に気のついたのは、鏡の中にある顔が自分の顔とは左右を取りちがえた別物であるという事である。これは物理学上からは極めて明白な事であるが、写生をしているうちにはじめてその事実が本当に体験されるような気がした。衣服の左り前[1]くらいはいいとしても、また髪の毛の撫で付け方や黒子の位置が逆になっているくらいはどうでもなるとしても、もっと微細な、しかし重要な眼の非対称や鼻の曲りやそれを一々左右顚倒[2]して考えるという事は非常に困難な事である。①要するに一面の鏡だけでは永久に自分の顔は見られないという事に気が付いたのである。二枚の鏡を使って少し斜めに向いた顔を見る事は出来るだろうがそれを実行するのは②おっくうであったし、また自分の技量で左右の相違を描き分ける事も出来そうになかった。そんな事を考えなくてもただ鏡に映った顔を描けばいいと思ってやっているうちに着物の左衽[3]の処でまたちょっと迷わされた。自分の科学と芸術とは見たままに描けと命ずる一方で、何だか絵として見た時に不自然ではないかという気もするし、年取った母が嫌がるだろうと思ったので、とうとう右衽に誤魔化してしまったが、③それでもやっぱり不愉快であった。

　この自画像No.1は恐ろしく皺だらけのしかみ面[4]で上眼[5]に正面を睨み付けていて、如何にも性急な癇癪持の人間らしく見えるが、考えてみると自分にもそういう資質がないとは云われない。

　それから二、三日たってまた第二号の自画像を前のと同大の板へ描いてみた。今度は少し顔を斜めにしてやってみると、前とは反対に大変温和な、のっぺりした、若々しい顔が出来てしまった。妻や子供等はみんな若過ぎると云って笑ったが、母だけはこの方がよく似ていると云った。母親の眼に見える自分の影像と、子供等の見た自分の印象とには、事によったら十年以上も年齢の差があるかもしれない。それで思い出したが、近頃自分の高等小学校時

語注

1 **左り前**＝衣服の前の合わせ方で、左の襟を内側にして着ること。通常は右前なので、普通とは逆のこと。
2 **顚倒**＝転倒。逆さになること。
3 **左衽**＝左り前のこと。
4 **しかみ面**＝しかめっ面のこと。
5 **上眼**＝うわめ。顔を下方に向けたまま目だけで上方をみること。
6 **第二義**＝二義的。根本的でないこと。
7 **抽出**＝抜き出すこと、引き出すこと。
8 **personal equation**＝観察や判断において、個々人において生ずる誤差のこと。個人誤差。

代に教わったきりで逢わなかった先生方の写真を見た時にちょっとそれと気がつかなかった。写真の顔があまり若すぎて子供のような気がしたからである。よくよく見ているとありありと三十年前の記憶が呼び返された。これから考えると吾々(われわれ)の頭の中にある他人の顔は自分と一緒に、しかもちゃんときまった年齢の間隔を保持しつつだんだん年をとるのではあるまいか。

同じ自分が同じ自分の顔を描くつもりでやっていると、その時々でこのように色々な顔が出来る、これはつまり写生が拙(へた)なためには相違ないが、ともかくも面白い事だと思った。No.1にもNo.2にもどこか自分に似たところがあるはずであるが、1と2を並べて比較してみると、どうしても別人のように見える。そうしてみると1と2がそれぞれ自分に似ているのは、顔の相似を決定すべき主要な本質の点で似ているのでなくて第二義[6]以下の枝葉の点で似ているに過ぎないだろうと思われる。

これについて思い出す不思議な事実がある。[X]たしかに面白い問題になるに相違ないと思った。それからまた一方では親子の関係というものの深刻な意味を今更のように考えたりした。

一体二つの顔の似ると似ないを決定すべき要素のようなものは何であろう。この要素を分析[7]し抽出する科学的の方法はないものだろうか。自分は自画像を描きながらいろんな事を考えてみた。同じ大きさに同じ向きの像を何十枚も描いてみる。そしてそれを一枚一枚写真にとって、そのおのおのを重ね合わせて重ね撮り写真をこしらえる。もしおのおのの絵が実物とちがう「違い方」が物理学などでいう誤差の法則に従って色々に分配せられるとすれば、重ね撮りの結果は丁度「平均」をとる事になってそれが実物の写真と同じになりはしまいか。もしそれが実物と違えばその相違は書き手に固有ないわゆる personal equation[8] を示すか、あるいはその人の自分の顔に対する理想を暴露するかもしれない。それはとにかく何十枚の肖像を大体似ている度に応じて二つか三つくらいの組に分類する。そうしてその一つ一つの写真を本物の写真と重ねてみてよく一致する点としない点をいくつかの箇条に分かって統計

○読解のポイント

1 **文章の中心となっている事柄**をおさえる。ここでは、題名にもなっている「自画像」である。

2 文章の中心となっている事柄について、筆者が**どのような思い**を抱いているのかを読み取る。

3 **文章構成**を理解する。六つの段落から成っているので、それぞれの段落でどのようなことを述べているのかをおさえ、どのように文章が展開しているのかをおさえる。

表をこしらえる。こんな方法でやれば「顔の相似」という不思議な現象を系統的に研究する一つの段階にはなりそうである。

(1) **傍線部①「要するに一面の鏡だけでは永久に自分の顔は見られない」とあるが、これはどういうことか。最も適切なものを次から選び、記号で答えよ。**(25点)　(　　)

ア 二枚以上の鏡を使わないかぎり、ふだんは気づくことのない自分の新たな側面を発見することは不可能であるということ。

イ 自分の顔は、ふだん見ることができないために、鏡に映った姿を一瞬見た程度では、それと気づくことができないということ。

ウ 鏡のような道具を使った認識は物理学的には可能であっても、それらによって対象(顔)の本質をとらえることはできないということ。

エ 鏡に映った像は、自分の一面を映すに過ぎず、他の視点からの像と見比べなければ、自分の本当の姿に迫ることはできないということ。

オ 鏡に映った顔は左右が反転した別物だといってよく、自分の能力だけで微細な点までそれを補正し、正確な姿を認識することは不可能だということ。

(2) **傍線部②「おっくう」と同じ意味の語として最も適切なものを次から選び、記号で答えよ。**(25点)　(　　)

ア 至難　**イ** 退屈　**ウ** 面倒　**エ** 不愉快　**オ** 不利益

(3)☆ **傍線部③「それでもやっぱり不愉快であった」とあるが、筆者がそのように感じた理由として最も適切なものを次から選び、記号で答えよ。**(25点)　(　　)

ア 鏡を使って描くのは、自分の画力からしてやむを得ない手段ではあったが、それでは対象である自らの顔と向き合っていることにはならないと感じられたから。

参考

■文章の順序

文章の順序を正しく並べるときに手掛りとなるのは、**段落の書き出し**と、**接続詞**、**指示代名詞**などである。「そのうちに」「それよりも」「その○○」「このように」などは、すべて前に何かがあって、それに対して時間が経過したり比較したり指示したりしていることを示す。**接続詞**も、前後の単語や文をつなぐはたらきをするから、必ず前の文と関連がある。従って、これらの言葉がある文は先頭には来ない。これらの言葉が何を指しているか、何と何をつないでいるかを考えれば、おのずと文章の順序ははっきりしてくる。

イ　社会通念や常識に従って描いては見たものの、科学と芸術に対する自分の見方に照らして、観察した姿とは違うように描いてしまったという気持ちが残ったから。

ウ　科学者としての自分に一定以上の自負をもってきたにもかかわらず、自らがもつ科学的常識と社会通念や道徳とのあいだの矛盾を解消できないことに気づかされてしまったから。

エ　自分の感じる不自然さにしたがって、鏡に映ったとおりでなく、左衽になるように自画像を描いてみたものの、自分には似ていると思えず、自らの画力不足を痛感することになったから。

(4)　X には、次の文が入る。正しい順序に並べ変え、その順に記号で答えよ。（完答25点）

（　→　→　→　→　）

ア　ある時電車で子供を一人連れた夫婦の向かい側に席を占めて無心にその二人の顔を眺めていたが、固より夫婦の顔は全くちがった顔で、普通の意味で少しも似た処はなかった。

イ　このような現象を心理学者はどう説明するだろうか。

ウ　父親のどこと母親のどことを伝えているかという事は容易に分かりそうもなかったが、とにかく両親のまるでちがった顔が、この子供の顔の中で渾然と融合してそれが一つの完全な独立な極めて自然的な顔を構成しているのを見て非常に驚かされた。

エ　そのうちに子供の顔を注意して見ると、その子は非常によく両親のいずれにも似ていた。

オ　それよりも不思議な事は、子供の顔を注視して後にふたたび両親の顔を見較べると、はじめ全く違って見えた男女の顔が交互に似ているように思われて来た事である。

［早稲田大―改］

著者紹介

寺田　寅彦　一八七八（明治一一）年～一九三五（昭和一〇）年。物理学者、随筆家、俳人。夏目漱石の最古参の弟子として知られ、漱石の「吾輩は猫である」や「三四郎」には寅彦をモデルとする人物が登場する。吉村冬彦の筆名で、身近な物理学を題材とした随筆を数多く著した。

03

評論　教養としての言語学

鈴木(すずき)孝夫(たかお)

時間 30分　合格 70点　得点 　点

月　日

解答 ▶ 別冊3ページ

　暑い夏の日の夕方、入道雲が空高く聳(そび)え始めると、人々は今に夕立がくるぞと言って喜ぶ。多くの人は、入道雲（ⓐセキランウン）の発生が、しばしば夕立に繋(つな)がることを経験で知っているからである。

　[X] このように、入道雲を見たとき、その色や形が美しいとか、高さはどのくらいだろうかなどと、雲それ自体に注意を向けるのではなく、いま目にしている雲を手がかりとして、やがて来る夕立のことを思うとき、私たちは雲が夕立の記号(sign)として働いていると言う。

　[Y]「火のない所に煙は立たない」という諺(ことわざ)[1]を知っている人は多いと思うが、このように煙しか見ていないのに、きっとその下では何かが燃えているはずだと考える場合も、煙をただ煙そのものとしてではなく、火という別のものを表わす記号として見ていることになる。

　この二つの例で示したように、あるものAが、それ自体としてではなく、何か別の特定のものBとの関連で常に(または多くの場合に)受け止められるとき、AはBの記号であると称する。[Z] 入道雲は夕立を、煙は火を表わす記号というわけである。

　さてここに挙げた例にある雲、夕立、煙、火のどれもみな天然自然の現象であって、人間の意志や営みとは直接関係がない。そしてこれらの諸事象つまり雲と夕立、煙と火の記号的なつながりを支えているものは、どちらの場合も自然の [I] である。人々は長い間の経験から、自然界における特定の原因と結果の結びつきを知っていて、ある時は原因となる事象(雲)を見ただけで結果(夕立)を予想し、ある時は結果(煙)だけを見て、その原因(火)をⓑサッチするのである。

　自然記号はしかし何も [I] によるものだけではない。例えば海面近くカモメの群が乱舞

語注

1 **諺**＝教訓や風刺を言い表す、古くから人々に伝えられてきた、少ない字数で表される言葉。

2 **群舞**＝大勢が群がって、舞ったり踊ったりすること。

3 **蓋然性**＝ある事柄が、起こることが確実である度合い。

4 **生理的**＝体の組織や機能に関係すること。

5 **哀悼**＝人の死に対して、悲しみいたむこと。

するのを見ると、漁師たちがいっせいに舟をそちらに向けることはよく知られている。漁民たちはカモメの群の下には、魚の大群が浮上していることを経験で知っているのだ。このカモメの群舞[2]と魚群の存在との関係などは、極めて高いⓒキョウキの蓋然性[3]に裏付けされているとでも言うべきだろう。

このように考えてゆくと、私たちは日常生活の中で、自然現象間の何らかの相互関係に基づく記号的解釈を、数限りなく行なっていることが分る。もしかしたら、あるものや事柄を、それ自体として問題にするより、それにⓓショクハツされて何か他のことを考えたり、行動したりすることの方が多いのかも知れない。この意味で私たちは無数の自然記号に取り囲まれて生きていると言うことができよう。

ところが私たちの利用する記号の中には、いま説明した自然記号とは異なる性質をもつ、もう一つ別のタイプの重要な記号があるのだ。それは記号と、それが表わし示す事柄との相互関係が、自然記号のような［Ⅰ］や、高いキョウキの蓋然性などに支えられているものではなく、人為的社会的な、一種の取り決めに基づく記号である。

具体例として交通信号のことを考えてみよう。現在では世界中どこに行っても、人や車が進んでよいときは青(緑)、停止の合図は赤と決まっている。しかしこの赤色と停止、青色と進行の結びつきは、あらためて言うまでもなく、自然の［Ⅰ］でもなければ、人間にとって本能的[4]生理的なものとも言えない。

何かと理由はあるにしても、結局は人間が社会的な約束事として、人為的に決めたものである。だからこのような約束による取り決めを、もし何かの理由で知らなかった人にとっては、赤や青は記号としての意味を持たず、単なる色彩(光)でしかない。この点が煙と火のつながりや、カモメの乱舞を魚群の存在と結びつける自然記号とはまったく異なるのである。

現代社会においては、いま述べた信号や各種の交通標識をはじめとして、極めて多くの色彩、光、図形、音(響)などが、特定の場面や情況の下で、社会的に決められた記号として用

読解のポイント

1 **例として示されたもの**が、どのような**関係**を表しているものかをつかむ。冒頭では、雲、夕立、煙、火などが、「自然界における特定の原因と結果の結びつき」によるものであることの例として示されている。

2 例で示された関係同士について、**相違点**をつかむ。ここでは、「自然界における特定の原因と結果の結びつき」による関係と、そうではない関係によるものが示されている。

3 ことばが、「自然界における特定の原因と結果の結びつき」による関係と、そうでない関係について、どのように関連づけて説明されているかをつかむ。

いられている。

このような人為記号は、それが社会的な取り決めであるだけに、国により地方により、意味するものが必ずしも同じとは限らないことは、容易に想像できるだろう。

第二次大戦後に日本を占領したアメリカ軍は、危険(物)を標示するとき、黄色と黒の縞（しま）模様を使ったが、これなど初めのうちは、日本人にその意味が分りにくい記号であった。また日本でも死者に対する哀悼[5]（あいとう）の意を表わす色が、所により白であったり黒であったりする違いが見られる。このように特定の国、限られた集団の中だけで通用する社会的な人為記号は、そのことを知らない部外者にとっては、しばしばⓔトマドいや思わぬ失敗の原因となるものだ。

人間の使う言語、つまりことばというものが見方によっては、さきに説明した［Ⅱ］的な側面と、いま述べた社会的な取り決め、つまり約束事に基づく［Ⅲ］の双方の性質をそなえているということは、古くから知られていた。

(1) **傍線部ⓐ～ⓔのカタカナを漢字に直せ。**（5点×5）

ⓐ（　　）ⓑ（　　）ⓒ（　　）ⓓ（　　）ⓔ（　　）

(2) **［Ⅰ］に入る語句を考え、漢字四字で書け。**（10点）

(3) **［X］～［Z］に入る語句として最も適切なものを次から選び、記号で答えよ。（同じ記号を複数回選ぶことはできない）**（5点×3）

ア しかし　**イ** そして　**ウ** だから　**エ** つまり　**オ** また　**カ** ところで

X（　　）Y（　　）Z（　　）

参考

■**具体と抽象**

「具体」とは、「あんこの乗った団子」のように、物事がはっきりしていることを言う。一方、**「抽象」**は「あまくて心を和ませるお菓子」のように、物事の性質や共通しているものを取り出すことを言う。

課題文では、「自然界における特定の原因と結果の結びつき」のあるもの、というように抽象的な内容を、夕立のような具体的な事象を用いて説明している。

このように、文章中に抽象的な内容が出てきた場合には、具体的には文章中のどの出来事や例の性質を表したものかをとらえるようにする。

(4) Ⅱ・Ⅲには対になる表現が入る。それぞれ最も適切な語句を文中から抜き出せ。(10点×2)

Ⅱ(　　　　)　Ⅲ(　　　　)

(5) 波線部中の「記号的解釈」と対立的にとらえられているのはどのような記号的解釈か。次の□にあてはまる言葉を四十字以内で書け。(10点)

・記号とそれが表わし示す事柄との相互関係がなく、□記号的解釈。

(6) 文中で、記号と事柄の対応関係について、「自然によるもの」と、「取り決めによるもの」とが、大きく三組ずつ例示されている。左の表は、その対応関係を表したものである。文中に挙げられている順に、「あ」~「し」にあてはまる語句を答えよ。(完答20点)

あ(　　　)お(　　　)け(　　　)
い(　　　)か(　　　)こ(　　　)
う(　　　)き(　　　)さ(　　　)
え(　　　)く(　　　)し(　　　)

自然によるもの		取り決めによるもの	
記号	事柄	記号	事柄
あ	い	き	く
う	え	け	こ
お	か	さ	し

[小樽商科大―改]

著者紹介

鈴木 孝夫 一九二六(大正一五)年~二〇二一(令和三)年。東京生まれ。言語社会学者。言語学の入門書でもある「ことばと文化」などの著書がある。ほかにも、「閉された言語・日本語の世界」、「武器としてのことば」など著書多数。

04

評論　文学とは何か

加藤周一（かとうしゅういち）

　散文[1]は描くものですが、必ずしも①目に見えるものを目に見えるように描くものではありません。もし目に見えるように描くことが目的であるとすれば、どのような散文も、フロベール[2]の散文でさえも、ありふれた映画の一場面に及ばないでしょう。『感情教育』のⓐボウトウがどんなにいきいきとセーヌ河の風景を描いているにしても、その風景は、②目に見えるようであって、目に見えるのではありません。ところが映写幕の上には、見えるような風景ではなく、実際に見える風景があらわれる。映画の魅力はそこにあります。もし小説の魅力が同じ性質のものであるとすれば、小説が映画にⓑヒッテキすることはできない。客観[3]描写は、それが目に見えるものを目に見えるように描くということを意味するかぎり、可能であるにしても、小説的表現の素材（言葉）にふさわしい方法ではありません。言葉には意味があります。意味は想像力に訴えます。写真は、目にうつる一切のものを記録します。記録は感覚に訴えます。セーヌ河の風景を客観的に再現するという目的は、写真という表現手段にふさわしく、言葉という表現手段にふさわしくないということができるでしょう。逆に、セーヌ河の風景をながめる青年フレデリック・モローの感動を再現するという目的は、言葉にふさわしく、写真にふさわしくない目的です。小説における散文は、まず主人公の感動を描き、読者をその感動のなかに誘いいれながら、その感動を通じて周囲の風景を想像させようとするときに、独特の能力を発揮します。その逆の手順をふむときに、たとえばセーヌ河の風景の客観的描写からはじめるときに、散文はその無能力を暴露[4]します。これが、小説における散文を、その描く対象の側から考えてみるときに、当然見いだされる原則です。しかし、もういちど、散文を描くという機能の側から考えてみると、小説における、または文学における散文の性質とは、どういうものでしょうか。散文における言葉は、ある対象の符号

語注

1 **散文**＝随筆、小説などの、文学的文章。
2 **フロベール**＝十九世紀のフランスの作家。一八四八年の二月革命を背景に、青年フレデリック・モローの精神遍歴を描いた「感情教育」は、その代表作の一つ。
3 **客観**＝自分の気持ちや考えを入れず、ものごとをありのままに見ること。
4 **暴露**＝あばき、あらわすこと。
5 **定義**＝概念の内容や用語の意味を正確に限定すること。
6 **革命**＝ここでは、一八四八年二月にフランスに起こったいわゆる「二月革命」を指す。この革命によって、王制が崩れ、共和仮政府が成立した。
7 **不逞の輩**＝不平を抱き無法なふるまいをする者。
8 **解剖学**＝生物体内部の構造を観察研究する学問。

時間　30分
合格　70点
得点　　点

月　　日

解答 ▶ 別冊5ページ

ですが、具体的な特定対象の符号であるのは、固有名詞だけです(「東京」という町は、世界中に一つしかない)。しかし普通の言葉は、特定対象の属する群の符号である(「町」は、東京だけでなく、他にいくらでもあります)。言いかえれば、特定対象を名づけるということは、一般に、その対象を分類することです。分類のしかたは、たくさんあります。一杯のコーヒーという特定対象をわれわれはコーヒーという言葉で表わす(「コーヒー」として分類する)こともできるし、飲物、ⓒヨウエキ、物質等の言葉で表現する(そういうものとして分類する)こともできます。どういう分類のしかたを採用するか、すなわちどういう言葉を択ぶかは、われわれ自身が、われわれとその対象との関係に応じて、決定する他はないでしょう。言葉による表現とは、われわれと対象との関係を限定することであり、逆に、そのような限定を伴わずに言葉で何ものかを表現することはできません。言葉によって世界を描くということ、つまり散文をつくるということは、本質的にわれわれと世界との関係を限定することである。あるいは、われわれにとっての世界を定義する[5]ことである。日常的会話は、日常生活の約束と習慣にしたがって世界を定義します。文学的散文は、③日常的定義とは異なる独特の定義によって世界を成立させるものでなければなりません。小説の散文を読むとは、その定義を読むことにほかならないでしょう。フロベールは、そのことを意識せずに、客観描写という方法論を発明しましたが、そんなことが完全に実現されることは決してないので、彼の作品も彼の方法論を裏切っています。逆説的にいえば、裏切ることそのことによって文学として成立しています。それは、そのはずであって、主観をまじえずに、革命[6]の情景を描写するというようなⓓキョクタンな場合を考えてみれば、明らかにわかることです。ある人は、パリの人民大衆が第二帝政を打倒したと書きます。またある人は不逞[7]の輩が世の中を騒がせたと書きます。④「人民大衆」という言葉も「不逞の輩」という言葉も、単に客観的な対象を示すのではなく、その人と対象との関係を示すものです。世界を定義せずに、何事かを言葉で表現するということが、そもそも不可能である。作家の責任ということもそこから

○読解のポイント

1 文章を大きなまとまりに分けて、**全体の構成**をとらえる。何について書いてあるか、という考え方で分けるとよい。

2 **抽象的な言い回し**を、具体的な事柄に置き換えながら内容をとらえる。

3 **指示内容**を的確にとらえ、文脈を明らかにする。

4 **対立概念**をとらえ、その相違点を明らかにする。ここではたとえば小説と写真が対立的にとらえられている。その対立から何を導き出そうとしているのか。

出てくるわけで、世界と自分との関係を定義するその定義のしかたの責任を、あらゆる作家が負っているということになります。

それでも、客観描写ということが成り立つとすれば、それは意味づけのしかたそのものに、一定の約束があり、個人的主観によってその約束が破られないという場合でしかないでしょう。たしかに、科学者はそういう約束をもっています。解剖学教科書の[8]ⓔジョジュツなどはその意味で客観的であり得ます。しかし小説家にはそういう約束がない。対象が人生である場合にそんな約束はあり得ません。「人生観」というものはない。人それぞれにとって「わが人生観」があるだけです。

(1) **傍線部ⓐ〜ⓔのカタカナを漢字に直せ。**（5点×5）

ⓐ（　　） ⓑ（　　） ⓒ（　　）
ⓓ（　　） ⓔ（　　）

(2)☆ **傍線部①「目に見えるものを目に見えるように描く」とあるが、文中で繰り返し使われている、これと同一の内容を端的に表現した言葉をこれ以降から抜き出せ。**（10点）

（　　）

参考

■**文章の種類**

文章は、次のような種類に分けられる。

散文 ― 評論　論説 ／ 説明 ／ 随筆　随想 ／ 小説　物語

韻文 ― 詩 ／ 短歌（和歌） ／ 俳句

たとえば詩がさらに、自由詩・定型詩などに分けられるように、それぞれ形式的にも、内容的にもさらに分類することができる。

(3) 傍線部②「目に見えるようであって、目に見えるのではありません」とあるが、この内容を説明している部分を文中より五十二字で抜き出し、最初と最後の三字を書け。（句読点も一字に含む）（10点）

〔　　　〕〜〔　　　〕

(4) 傍線部③「日常的定義とは異なる独特の定義」とは何か。文中の筆者の論旨にしたがって、「主観的」という言葉を使い、六十字以内で書け。（句読点も一字に含む）（10点）

(5) 傍線部④「『人民大衆』という言葉も……示すものです」とあるが、(ア)ここでいう「対象」とは、具体的には何を指すか。(イ)また、その「対象」を描くにあたって、Ⅰ「人民大衆」という言葉を使った場合、Ⅱ「不逞の輩」という言葉を使った場合、それぞれ書き手と「対象」とのどのような「関係」がそこに示されているのか。簡潔に説明せよ。（15点×3）

(ア)（　　　）

(イ) Ⅰ（　　　）

Ⅱ（　　　）

［佛教大―改］

著者紹介

加藤周一　一九一九（大正八）年〜二〇〇八（平成二〇）年。東京都生まれ。評論家・小説家。東京大学卒業後、医学者としてフランスに留学。早くから文学に目覚め、戦後、本格的に文学活動を始めた。科学者としての合理的な論理性と、文学的な繊細な感受性を兼ね備えており、特に、文明批評的な評論の評価が高い。主な著書に「文学と現実」「雑種文化」など。

05

評論 日本語 表と裏

森本(もりもと) 哲郎(てつろう)

時間 30分　合格 70点　得点 点

月 日

解答 別冊6ページ

うらという大和言葉(やまとことば)は、おもてに対する内側を意味するが、同時に「こころ」のことでもあった。それは「うら悲しい」「うら淋(さび)しい」という形でいまに残っている。「うら悲しい」とは、心悲しいの意であり、「うら淋しい」とは、心淋しいということである。また、「うらやましい」は「心(うら)が病(や)む」こと、「恨(うら)み」とは相手の心をじっと見つめる、つまり、相手のやり口に不満を抱きながら、相手の心をうかがっていること、「うらぶれる」とは、心があぶれるの意とある。（I書店版『古語辞典』） 1

「うらなう」という語も、うら(心)に由来するのではなかろうか。つまり、かくれた神の心を ⓐスイソクすることが占(うらな)いなのである。そもそも、うらとは「見えないもの」「かくれているもの」の義であった。したがって、うらとは「内部」であり、「奥」であり、「下」であり、「反対側」を意味した。おもて＝面(顔)に対して、心は見えない。だからうらなのである。入江を「浦(うら)」というのもこの原義からきている。外洋はいわば海のおもてだが、内海、入江、湾は外海からは見えないかくれた海である。だから「浦」というのだ。 2

見えないもの、かくれたものに対して人間は、とうぜんプラス・マイナスふた様に反応する。その正体がさだかではないから、まず恐怖や不安が先立つ。けれども、その恐怖や不安は、やがて畏怖[1]から崇敬[2]へと変質してゆく。信仰のⓑキゲンはここにあるといってよい。日本人が見えない部分、かくれたところを、いかに重視したかは、「うら」という言葉の用法からも察することができる。小切手には「裏書[3]」が必要である。証言に対しては「裏付け」が不可欠だ。破損したものには「裏打ち」をしなければならない。相手に勝つためには「裏を行く」ことが重要である。話は「裏話」こそがおもしろい。そしてうらが大切であればこそ、「裏切り」は憎むべき行為となる。 3

語注

1 **畏怖**＝うやまい、おそれること。
2 **崇敬**＝あがめ、うやまうこと。
3 **裏書**＝手形、小切手などを譲渡する際、証券の裏に、権利を譲り受ける人を指定、記入し、権利を譲り渡す人が署名すること。
4 **アンビバレンツ**＝ambivalent 哲学用語。両極的、両面価値の意。
5 **侮蔑**＝あなどり、さげすむこと。軽蔑。
6 **苫屋**＝スゲ、カヤなどで屋根をふいた、粗末な家。
7 **花伝書**＝「風姿花伝」。室町時代に世阿弥が著した能楽論書。

むろん、うら、すなわち見えない、かくれたものに対してはマイナスのイメージもつきまとう。「裏取引」はけっして好ましいものではないし、人生の「裏街道」を行くことはこころよいことではない。「裏口営業」や「裏口入学」などは大いに①指弾される。しかし、日本人はどんなものごとにも「裏」があると確信している。いや、裏にさえ、さらに裏があると思っているのだ。「裏には裏がある」という諺がそれを語っている。こうして、日本人は「うら」という観念に対して、アンビバレンツ[4](両極的)なイメージを抱きつつ、特有な心情をつくりあげたように思われる。日本列島の日本海側を「裏日本」と呼ぶことを侮蔑[5]のように受けとりながら、天皇の住居を「内裏」というように、である。 4

だから、おもて＝顔に対して、見えない心をうらといい、おもてよりうらに価値を置くのである。うら(裏)から転じたと思われる「浦」を思い描いてみるとよい。前にもふれたが、優しく美しい山河にめぐまれた日本列島のなかで、古来、日本人がこの上なく愛したのは、あの日本三景に代表される浦(内海・入江・湾)の風景ではないか。②日本人の美感とは、うらの美学といってもいいのである。『新古今集』に収められている藤原定家のつぎの一首が日本の美学の本質とされるゆえんである。

　見渡せば花も紅葉もなかりけり浦の苫屋[6]の秋の夕ぐれ 5

ところで、西欧の人たちも、見えざるもの、かくれているものに対しては、畏怖や不安を感じている。だが、彼らは見えないもの、かくれたものについてのそのような不安をⓒコクフクしようと、いうなら、うらをおもてへ引き出す努力を不断につづけてきた。ヨーロッパが育てあげた科学はまさしく、そのような精神のⓓキセキにほかならない。(中略) 6

日本人はあからさまなことをきらい、ものごとをあきらかにすることをあきらめるという形で、断念するの意へと転化させてしまった。なぜなら、ものごとがあきらかになれば、そこにはもう「裏」はなく、何の価値もなくなってしまうからである。日本人はそれを白々しいともいった。白々しいとは、本来はものごとが明白であることを意味したのだが、白々し

読解のポイント

1 **キーワード**をとらえる。この場合、「うら」という語が繰り返し用いられ、中心語句となっている。この語がどういう意味で用いられているかを、正しくとらえる。

2 **例示された内容**を理解する。例示された内容のどういう面を問題にしているのか、どういうことを導くためにこういった例を出したのかを考える。この文章では、定家の歌の引用が特に重要である。

3 **対照的**に扱われている事柄をとらえる。どういった点が対照され、どちらを重視しているかを考える。

いことを日本人はけっして好まず、味気ないものと感じたのである。最近、よく使われるようになった「白(しら)ける」という表現も、その間の③消息をよく語っている。ことが明白になれば、不安や怖(おそ)れはなくなるであろうが、同時に期待は失われ夢もまた消えるからである。『花伝書(ア)』につたえられている世阿弥(ぜあみ)の有名な「A」という言葉も、日本人の美学を端的にいいあらわしたものといってよい。7

(1) **傍線部ⓐ〜ⓓのカタカナを漢字に直せ。**（5点×4）

ⓐ（　　）ⓑ（　　）ⓒ（　　）ⓓ（　　）

(2) **傍線部①「指弾」・③「消息」と同じ意味をもつ漢字二字の言葉をそれぞれ書け。**（10点×2）

①［　　］③［　　］

(3) **次の一文は文中の1〜7の段落のうち、いずれのあとに補ったらよいか。番号で答えよ。**（10点）

「裏」、すなわち見えないもの、かくれたものをいとわしく思いつつ、一方でそちらを重視し、ものごとの本質と考え、畏敬さえするのだ。

（　　）

参考

■要約の仕方

要旨は文学的文章の場合の主題にあたり、要約はあらすじにあたる。

したがって要約は次のような手順を考えればよい。

①各段落の中心文を抜く。
②中心文相互の重複をさけて削る。
③適当な接続語を用いて中心文をつなぐ。
④指示語などを本来の言葉にもどし、全体の流れのぎこちなさを改める。

(4)☆ 傍線部②「日本人の美感とは、うらの美学といってもいいのである」とあるが、筆者のいう「うらの美学」とはどういうものか。直後に引用されている定家の歌に即して、七十五字以内で書け。(句読点も一字に含む)(20点)

(5) 文中の段落6・7の部分で筆者が述べていることを、四十字以内で要約して書け。(句読点も一字に含む)(20点)

(6)☆ Aにはどんな言葉を補ったらよいか。最も適切なものを次から選び、記号で答えよ。(10点)

ア 人の悪しき所を見るだにも、我が手本也

イ 初心忘るべからず

ウ 秘すれば花なり

エ 面白き所を花に当てん事、いか程の大事ぞや

オ 時に用ゆるをもて、花と知るべし

〔立教大〕

( )

著者紹介

森本 哲郎 一九二五(大正一四)年〜二〇一四(平成二六)年。東京都生まれ。評論家。東京大学文学部卒。朝日新聞編集委員を経て、東京女子大学教授を歴任。旅を好み、評論・エッセイにも、旅の体験をもとにして文化を語るものが多い。鋭く現実を見つめる視線に特色がある。主な著書に「ことばへの旅」「ゆたかさへの旅」「サハラ幻想行」「二十世紀の知的風景」など。

06

評論

かたちの日本美

三井(みつい) 秀樹(ひでき)

時間 30分

合格 70点

得点 点

月 日

解答 ▶ 別冊7ページ

日本美、あるいは日本人が追い求めてきた美のキーワードは何かと問われれば、私たち誰もがすかさず自然、四季、花か植物と答えるに違いない。これを造形的な視点から捉え直すと、非定形、非対称、オーガニック・フォルムというキーワードとなるだろう。

これに対し、西洋の美は定形[1]、対称[2]、黄金比[3]ということになり、日本の美とは正反対の概念である。これは、[A]日本人が描く美のフォルムは、自然の姿やかたちであるということだ。

ここで「自然のかたち」というものを、もういちど美の原理から考えてみよう。自然のかたちは、すべて同じものは存在せず、何かのはずみでできあがった数理的秩序のない非定形であるということが言える。また、そこには人為的[4]なシンメトリー[5]のかたちや配置はほとんどお目にかかれない、という世界である。 [1]

この様な自然のかたちを造形的に分類すると、偶然できあがったという意味で英語ではアクシデンタル・フォルム(Accidental Form)やハプニング・パターン(Happening Pattern)などとよんでいた。これを日本語に訳して「出鱈目(でたらめ)なかたち」といったが、造形学上の立派な専門用語として大正時代以来、今日まで使われてきたというから驚く。

それゆえ古来より、日本人はすべて不ぞろいのかたち、ばらばらな長さ、非対称や河原の石ころやアメーバ、木の葉のような曲線だけでできあがった有機的なかたち(オーガニック・フォルム)をいかに配置し、かたち同士のバランスを考えながら全体のまとまり感をつくりあげるかというコンポジション(構成)に、美的関心を注いできたのである。 [2]

西洋の生け花ともいえるフラワー・アレンジメントは、おおむねシンメトリーに配置したり、かたちそのものを樹形やドーム型の対称型にしてしまうのが定道となっている。こうす

語注

1 **定形**＝一定の形。
2 **対称**＝基準を中心として、その両側にある二つの図形が互いに向き合う位置になること。
3 **黄金比**＝人間にとって最も美しい比率とされる、美術的要素。
4 **人為的**＝自然のままでなく、人の手を加えること。
5 **シンメトリー**＝対称(性)。
6 **ユークリッド幾何学**＝古代ギリシアの数学者ユークリッドが大成した幾何学。
7 **見立て**＝なぞらえること。
8 **カオス理論**＝複雑系の連立方程式を用いた数学理論。
9 **ソリトン**＝物理学の用語。粒子のようにふるまう孤立した波動。
10 **フィボナッチ数列**＝中世イタリアの数学者フィボナッチが考えた数列。
11 **相関関係**＝一方が変化すると、他方も変化するような関係。

ることにより、誰でも失敗なく、同じような印象の造形に仕上げることができるからだ。つまり、西洋の再現可能な定形のかたちの美に対して、日本人の目指す美は、ユークリッド幾何学[6]では説明できないような複雑なかたちである。日本人にとっては美はあくまで自然にあって、「自然への見立て[7]」を通して一体となり、融合したいという初源的な願望から発想した対象であるからであろう。

日本人が愛した、数的な秩序がなく出鱈目なかたちとされていた自然界のかたち・姿は、当然のことながら一九七〇年代半ばまでデジタル数値で表現するコンピュータグラフィックスの映像には表現できなかった。 3

ところが、一九七五年、当時アメリカのＩＢＭワトソン研究所の研究員、Ｂ・マンデルブロによって、こうした自然界の出鱈目なかたちにも、実は数的秩序があることがわかった。以前から明らかとなっていたカオス[8]理論やソリトン[9]と併せた、複雑系科学の分野の誕生である。彼はこれをフラクタル理論と命名、学界を震撼させた。フラクタル理論は、従来のユークリッド幾何学では説明できなかったまったく新しい幾何学である。フラクタル幾何学は、自己相似性をもち、この概念によって自然界のかたちや姿が解明できるのである。

この自己相似性とは、あるかたちの一部を切り取ってみても、全体のかたちの印象と少しも違わない性質をもつことを指す。つまり、かたちの一部と全体が相似の関係になるということだ。 4

例えば、雲のかたちを見てみよう。入道雲(積乱雲)のどの部分も全体のかたちと相似形をなしている。そのため、遠くにある雲も近くにある雲も距離感がつかめず、同じかたちのように見えるのである。実は、自然界のさまざまなかたちや現象は、自己相似性という性質を内包したフラクタルのかたちなのである。

(中略)

読解のポイント

1 全体を通しての**話題**をとらえ、それに沿って筆者がどのような論を展開しているのかを読み取る。

2 「日本の美」と「西洋の美」という**対比関係**を読み取り、それぞれについて、どのように定義づけられているかをおさえる。

3 **「〜に対し」「〜ではなく」**といった、対比を表す表現に着目する。

この理論によって、自然界のさまざまな現象は、フラクタル幾何学によって証明できるようになったわけである。このことは、とりもなおさず数式によって表すことができるため、自然のかたちも再現できるという、これまでの概念を覆す画期的な理論であるということを意味する。

これを証明するように、それまで不可能であった雲や山々、森林や煙などの表現がコンピュータグラフィックスによって可能となり、現在では、写真と見違えるほどのリアリティの高い表現が実現している。

[10]さらに、かつて出鱈目なかたちとして揶揄されてきた自然界の造形であるが、その自己相似性にはフィボナッチ数列という黄金比の割合で連続する数列が隠されていたのである。[11]つまり、自然界の造形、すなわちフラクタル性(自己相似性)＝黄金比の連続という相関関係があったのである。

このことは、自然のかたちや姿には黄金比が内包されていた、ということを解明され、大変興味深い。

こうしてみると、美は自然の中にあり、[B]ことに至高の美があるとした古来よりの日本人の美意識は、最終的に黄金比とも深い関係があったということになる。つまり、日本人は本能的に自然の美しさの中には、より複雑なかたちで黄金比が内包されていることを見抜いていたとも言えるのではなかろうか。

(1) [A]・[B]に入る語句として最も適切なものをそれぞれ次から選び、記号で答えよ。(15点×2)　A(　　)　B(　　)

A　**ア** さりとて　**イ** なかんずく　**ウ** よもや　**エ** とりもなおさず

B　**ア** 客体としての自然を抽象化する　**イ** 自然と同化する
　　ウ 自然の力にあらがう　**エ** 自然と人の対比を先鋭化する

参考

■評論文における「西洋」

「西洋」とは、一般的には、ヨーロッパやアメリカの国々の総称である。この文章にも「西洋」という言葉が出てくるが、この意味で用いられていると言えるだろう。

しかし、評論文中に登場する「西洋」は、この一般的な意味では用いられていないことが多いので、注意が必要である。特に近代日本について論じられている文章においての「西洋」は**「日本の近代化のモデルの総称」**として理解しておきたい。

(2)☆ **次の枠内の文は、問題文の1～4のいずれかの段落のあとに入る。どの段落のあとが最も適切か。一つ選んで、記号で答えよ。**（15点）

（　　）

日本の生け花や茶道は、まさしく自然の姿・かたちを人間が再現した芸術であり、非定形や不定形のかたちと、かたちの関係やバランス、また互いを結ぶ見えない力線を視覚的に統一する美学・哲学であると言える。

(3) **傍線部「日本人が愛した……自然界のかたち・姿」とあるが、実際には秩序のあるものであることが述べられている。それはどのような秩序か。六十字以内で説明せよ。（句読点も一字に含む）**（25点）

(4) **次のA・Bについて、問題文の趣旨に合っていれば○を、合っていなければ×を記せ。**（15点×2）

A　日本の美はかたちの配置をシンメトリーにせず、全体のまとまりにはあまり目を向けてこなかった。

B　造形的に必然性がないと思われていた「出鱈目なかたち」も、研究の進んだ現在ではコンピュータで表現することが可能である。

A（　　）　B（　　）

［学習院女子大］

著者紹介

三井 秀樹　一九四二（昭和一七）年～。東京都生まれ。色彩デザイン学、構成学、メディアアートを専門としている。主な著書に「形の美とは何か」「テクノロジーアート――二十世紀芸術論」「美の構成学」「美のジャポニスム」などがある。

07

評論　知魚楽

湯川秀樹（ゆかわ ひでき）

時間 30分　合格 70点　得点　　点

月　　日

解答 別冊9ページ

色紙に何か書けとか、額にする字を書けとか頼んでくる人が、あとを［A］。色紙なら自作の和歌でもすむが、額の場合には文句に困る。このごろ時々「知魚楽」と書いてわたす。すると必ず、どういう意味かと聞かれる。これは「荘子（そうじ）」[1]の第十七篇「秋水」の最後の一節からとった文句である。原文の正確な訳は私にはできないが、おおよそ次のような意味だろうと思う。

ある時、荘子（そうし）が恵子（けいし）[2]と一しょに川のほとりを散歩していた。恵子はものしりで、議論が好きな人だった。二人が橋の上に来かかった時に、荘子が言った。

「魚が水面にでて、ゆうゆうとおよいでいる。あれが魚の楽しみというものだ。」

すると恵子は、たちまち反論した。「君は魚じゃない。魚の楽しみがわかるはずがないじゃないか。」

荘子が言うには、

「君は僕じゃない。僕に魚の楽しみがわからないということが、どうしてわかるのか。」

恵子はここぞと言った。

「僕は君でない。だから、もちろん君のことはわからない。［B］。だから君には魚の楽しみがわからない。どうだ、僕の論法は完全無欠だろう。」

そこで荘子は答えた。

「ひとつ、議論の根元にたちもどって見ようじゃないか。君が僕に『君にどうして魚の楽しみがわかるか』ときいた時には、すでに君は僕に魚の楽しみがわかるかどうかを知っていた。僕は橋の上で魚の楽しみがわかったのだ。」

①この話は禅問答[3]に似ているが、実は大分ちがっている。禅はいつも科学のとどかぬとこ

語注

1 「荘子」＝荘子（＝宗周（そうしゅう））が書いた道家（どうか）の本。
2 恵子＝中国、戦国時代中期の思想家。
3 禅問答＝禅宗で行われる問答。修行者が質問し、禅僧が答える。
4 実証＝仮説などを、事実で証明すること。
5 デモクリトス＝古代ギリシアの自然哲学者。

ろへ話をもってゆくが、荘子と恵子の問答は、科学の合理性と実証性に、かかわりをもっているという見方もできる。恵子の論法の方が荘子よりはるかに理路整然としているように見える。また魚の楽しみというような、はっきり定義もできず、実証も不可能なものを認めないという方が、科学の伝統的な立場に近いように思われる。しかし、私自身は科学者の一人であるにもかかわらず、荘子の言わんとするところの方に、より強く同感したくなるのである。

　[C]にいって、科学者のものの考え方は、次の両極端の間のどこかにある。一方の極端は「実証されていない物事は一切、信じない。」という考え方であり、他の極端は「存在しないことが実証されていないもの、起り得ないことが証明されていないことは、どれも排除しない。」という考え方である。

　もしも科学者の全部が、この両極端のどちらかを固執していたとするならば、今日の科学はあり得なかったであろう。デモクリトスの昔はおろか、十九世紀になっても、②原子の存在の直接的証明はなかった。それにもかかわらず②原子から出発した科学者たちの方が、②原子抜きで自然現象を理解しようとした科学者たちより、はるかに深くかつ広い自然認識に到着し得たのである。「実証されていない物事は一切、信じない」という考え方が窮屈すぎることは、科学の歴史に照らせば、明々白々なのである。

　さればといって、実証的あるいは論理的に完全に[D]し得ない事物は、どれも[E]しないという立場が、あまりにも寛容すぎることも明らかである。科学者は思考や実験の過程において、きびしい選択をしなければならない。いいかえれば、意識的・無意識的に、あらゆる可能性の中の大多数を排除するか、あるいは少なくとも一時、忘れなければならない。

　実際、科学者の誰ひとりとして、どちらかの極端の考え方を固守しているわけではない。問題はむしろ、両極端のどちらに近い態度をとるかにある。

　今日の物理学者にとって最もわからないのは、素粒子なるものの正体である。とにかく、それが原子よりも、はるかに微小なものであることは確かだが、細かく見れば、やはり、そ

○読解のポイント

1 「知魚楽」が、どのような**意味**のある言葉なのかをつかむ。「魚の楽しみを知る」ことができるかどうかの荘子と恵子のやりとりを、筆者は、「科学の合理性と実証性に、かかわりをもっているという見方」をしている。

2 **科学者のものの考え方**をつかむ。「実証されていない物事は一切、信じない」ことと、「存在しないことが実証されていないもの、起り得ないことが証明されていないことは、どれも排除しない」ことに対して筆者は、前者が「窮屈すぎる」ものであり、後者は「寛容すぎる」ものであるというのである。

3 **素粒子**について考えるときに、荘子のような考え方を排除できないという、筆者の意見を読み取る。素粒子は「原子よりも、はるかに微小なもの」で、「それ自身としての構造がありそう」なものだが、その存在は謎めいているということが、筆者の意見を読み取るヒントになる。

れ自身としての構造がありそうに思われる。しかし実験によって、そういう細かいところを直接、見わけるのは不可能に近い。ひとつの素粒子をよく見ようとすれば、他の素粒子を、うんとそばまで近づけた時に、どういう反応を示すかを調べなければならない。ところが、実験的につかめるのは、反応の現場ではなく、ふたつの素粒子が近づく前と後とだけである。こういう事情のもとでは、物理学者の考え方は、上述の両極端のどちらかに偏りやすい。ある人たちは、ふたつの素粒子が遠くはなれている状態だけを問題にすべきだという考え方、あるいは個々の素粒子の細かい構造など考えて見たって仕様がないという態度を取る。私などは、これとは反対に、素粒子の構造は何等かの仕方で合理的に把握できるだろうと信じて、ああでもない、こうでもないと思い悩んでいる。荘子が魚の楽しみを知ったようには簡単にいかないが、いつかは素粒子の［F］を知ったといえる日がくるだろうと思っている。しかし、そのためには、③今までの常識の枠を破った奇妙な考え方をしなければならないかも知れない。そういう可能性を、あらかじめ排除するわけには、いかないのである。

(1) **［A］に入る四字の語を考えて答えよ。**（10点）

(2) **［B］に入る六字の文を考えて答えよ。**（10点）

(3) **傍線部①「この話は禅問答に似ているが、実は大分ちがっている」のはなぜか。最も適切なものを次から選び、記号で答えよ。**（20点）

（　　）

ア 禅問答と呼ぶには、論法があまりにも理路整然としているから。
イ 禅とは定義として、合理性や実証性を欠いた話のことだから。
ウ そもそもからして、禅と科学が扱う対象は大きく異なるから。
エ 禅というより、科学の立場と関係があるように思えるから。
オ 科学者である「私」でも、荘子の言わんとすることに強く同感できるから。

参考

■筆者の意見のとらえ方

文中にある論について、筆者が賛成であるか反対であるか、あるいは別の意見であるかはっきりしている場合はよいが、そうでない場合は、どの論について筆者はどのような場面、程度で認めていて、どこを認めていないか読み取る必要がある。

課題文では、「実証されていない物事は一切、信じない」、「存在しないことが実証されていないもの、起り得ないことが証明されていないことは、どれも排除しない」という二つの極端な考え方が示されるが、筆者は素粒子の構造を知りたいという立場から、後者は「寛容すぎる」ものの、排除できないのである。

このように、文章中に二つの論が出てきて、筆者がどちらの論も採らない場合には、筆者の立場を考えて、提示された論と筆者の意見の距離をつかむようにする。

(4) C に入る最も適切な語を次から選び、記号で答えよ。(10点)

ア 率直　イ 個人的　ウ 控え目　エ 一般的　オ 大ざっぱ

(　　)

(5) 三つの傍線部②「原子」は、この文中で何の例として取り上げられているか。文中の語句を用いて答えよ。(10点)

(　　)

(6) D・E にあてはまる語の組み合わせのうち、最も適切なものを次から選び、記号で答えよ。(10点)

ア D＝証明　E＝選択　イ D＝証明　E＝排除
ウ D＝証明　E＝実験　エ D＝否定　E＝選択
オ D＝否定　E＝排除　カ D＝否定　E＝実験

(　　)

(7) F に入る最も適切な語を次から選び、記号で答えよ。(10点)

ア 謎　イ 真　ウ 命　エ 心　オ 顔

(　　)

(8) 傍線部③「今までの常識の枠を破った奇妙な考え方をしなければならないかも知れない」と考えるのはどうしてか。最も適切なものを次から選び、記号で答えよ。(20点)

(　　)

ア これまでの科学の常識にとらわれて、素粒子の構造など考えてみても無駄に終わるから。

イ 物理学者たちが常識とみなしている考え方は、実は極端に偏りやすいものだから。

ウ 素粒子とは、科学の伝統的な立場や常識を揺るがしかねない謎めいた存在であるから。

エ 素粒子の正体を明らかにするには、常識よりもむしろ想像力の豊かさが要求されるから。

オ 素粒子の構造を合理的に把握できるという考え方は、今のところ常識的な発想ではないから。

〔明治学院大〕

著者紹介

湯川 秀樹 一九〇七(明治四〇)年～一九八一(昭和五六)年。東京生まれ。物理学者。中間子論を提唱し、日本人初のノーベル物理学賞を受賞した。著書に「物理講義」「目に見えないもの」などがある。

08

随筆　古典余情——雛の町へ——

馬場あき子

時間 30分　合格 70点　得点　点

解答 別冊10ページ

月　日

細谷家の御当主大作氏はⓐハイゴウを鳩舎とよばれるハイ人である。いまもお邸とよぶにふさわしい構えの旧家で、まず門脇の大きな蔵造りのⓑシラカベが人目をひく。母屋[1]二間を開放していっぱいに雛段を組み、享保雛を含む三対の内裏雛[2]の下に、さまざまな雛を自由に飾っている。左右大臣の間に酒肴[3]を捧げた三人官女[4]を置き、その下に五人囃子、さらに下段にお庭清めの仕丁、そしてもう一段に数々の調度を飾った五段飾りの雛段も一組あったが、他の、一見寄せ集めのようにみえる雛段をみていると、その多様さにかえっていろいろな空想が湧く。

はじめて生まれた女の子のために、初節句を祝って一対の雛を求めたのは、孫がいとしくてならないような顔をした祖父や祖母であったかもしれない。それから、子供の成長にしたがって、そして家の発展のままに、楽しげな五人囃子や、珍しい唐人人形や、都風俗を憧れさせる踊り姿の人形、芝居人形、それらの人形の包みを解きながら、父や祖父が得意になって語り伝えたⓒ土産話の数々。豊かな家の明るい灯と、女たちの笑い声——、思えば雛は、女のくらしの幸福感とともにしかなかったものだ。だから、持ち主の手を離れた雛は、女の人生の不幸を背負ってⓓルロウする姿の哀れさをにじませるのだ。

細谷家には、おもしろいからくり人形[5]が幾つもある。三味線をひく美女や、太鼓をたたく唐人など、これらがいきいきと賞でられていた日を思うと、［A］のような気がしてくる。御主人の大作氏は気さく[6]に小さな芥子人形[7]を雛段からおろしてみせて下さった。ⓔ象牙製である。「あっ、桃太郎」と思ってみつめると、傍らに犬・猿・雉子・鬼まで揃って、それぞれに小さな存在を主張しているようだ。

やがて雛の御膳部が運ばれる。年に一回、雛の料理を盛りつけるだけの①蒔絵の椀や皿が、

語注

1 **母屋**＝建物の中央の部分。納屋などに対して中心的な建物のことをいうこともある。
2 **内裏雛**＝天皇、皇后の姿に似せて作った男女一対の雛人形。普通、男子は束帯、女子は十二単姿。
3 **酒肴**＝酒と酒のさかな。
4 **官女**＝宮中に仕える女。女官。
5 **からくり人形**＝糸などの仕掛けで動く人形。
6 **気さく**＝さっぱりして、こだわりのないさま。
7 **芥子人形**＝非常に小さな人形。豆人形。ここでは、「芥子」が「芥子粒」に見られるように、「非常に小さいもの」の意で用いられている。

それぞれ色どりよく、おろそかならぬ調理の品々を盛られて足つき膳の上にうれしそうにかがやいている。高坏にはお菓子の色あいも美しい。手毬(てまり)や、おⓕショウギバンや、ショウギのコマまで、御膳の傍にあるそれらは、いかにも遊び飽きた雛の②手すさびのようだ。自らもうれしそうに芥子雛を弄(もてあそ)んでいられる御主人に「雛の句もおありでしょう」と御披露をⓖ請うと、一句だけ教えて下さった。

雪あかりまぶしと雛の細目かな　鳩舎

お庭にはまだ少し雪も残っている。昔雛のやわらかな細(こまか)いまなざしが、その時ふと雪をみつめてまたたいたようだ。私はさっきお茶を頂いたお部屋に、ドライフラワーにした紅花と並んでいた鹿児島寿蔵(かごしまじゅぞう)氏ののびやかな筆跡を思い、その歌を思い出した。

ひなの作者たれともしれず忘られて小さき衣裳のおくふかきてり　寿蔵

寿蔵氏がここにこられたのはいつ頃だろう。歌人にしてなお人形作家として名高い氏の歌の中でも、細谷家の雛の前で目にしたこの歌は、殊さら③その思いが身にしみるようだった。鹿児島寿蔵氏の人形からその名が消えることはありえないが、なるほど多くの古雛たちは、その作者を伝えてはいない。ⓗショミンの家々の雛段に並んで、あまねく女たちの愛や思いを受け入れてしまった雛たちは、すでに作者のこめた思いや愛を身に負わないでもよいくらい、持ち主の女のものになりきっている。だから雛に作名がないこともさびしくはない。私は、私がもっていた雛の箱の蓋(ふた)に、小さく記されていた私自らの名のことを思った。そして雛まつりの雛には、親の愛を得ていた日の女の子の名こそふさわしいかもしれないと思う。

(1) 傍線部ⓐ〜ⓗの漢字は読みを書き、カタカナは漢字に直せ。（4点×8）

ⓐ（　　）ⓑ（　　）ⓒ（　　）ⓓ（　　）

ⓔ（　　）ⓕ（　　）ⓖ（　　）ⓗ（　　）

○読解のポイント

1 雛という話題について、さまざまな面から描いている。それぞれについて、整理する。

2 引用された**俳句**、**歌の意味**を明らかにする。

3 俳句、歌を筆者はどういう意図で引用したのかを明らかにする。

4 話題（**雛**）に対する筆者の**思い**をとらえる。

(2) A に入れる語句として最も適切なものを次から選び、記号で答えよ。（10点）

ア 何ともにぎやかな夏の夢　イ 何とも感慨深い若い頃の夢
ウ 何ともめずらしい昔日の夢　エ 何とも楽しい春の夢
オ 何とも悲しい悪い夢

（　）

(3) 傍線部① 「蒔絵」の意味として最も適切なものを次から選び、記号で答えよ。（10点）

ア 大和絵の流れをくみ、和紙に岩絵具で描いたもの。
イ 漆塗りの表面に、金粉・銀粉などで模様を描いたもの。
ウ 巻き物仕立てにしたもので、一種の絵本。
エ 板木を彫って印刷した浮世絵の中で、たいへん豪華なもの。
オ 墨絵風に、ふすまや屏風（びょうぶ）に景色などを描いたもの。

（　）

(4) 傍線部② 「手すさび」の意味として最も適切なものを次から選び、記号で答えよ。（10点）

ア 手もちぶさた　イ 手のすきま
ウ 手なぐさみ　エ 手間ひま
オ 手つだい

（　）

参考

■ **比喩**

比喩表現には次のような種類がある。

○**直喩（明喩）**

「花のような少女」などのように、「〜のような」「〜のごとき」の形をとる。

○**暗喩（隠喩）**

「〜のような」と言わず、暗に指し示す。

「彼女はすでに〝谷間の百合（ゆり）〟だったのです。」

○**擬人法**

人間でないものを人間にたとえて表現する。

「波がほえる」

部分的な表現ではなく、文章全体が**たとえ**になっているものを「**寓意**（ぐうい）」という。

比喩にはこのほか「提喩」「換喩」などがある。

(5)☆ 「雪あかりまぶしと雛の細目かな」の句から筆者はどのようなことを感じ取ったか。最も適切なものを次から選び、記号で答えよ。(10点)

ア 北国の女のくらしの幸福感
イ その後の女の人生の不幸の予感
ウ 初節句を祝う祖父母のうれしさ
エ 雛に対して示された男のやさしさ
オ 雛人形の華やかな美しさ

（　　）

(6)☆ 傍線部③「その思い」を筆者はどう理解したのか。それを述べている部分を文中から四十字以内で抜き出せ。(句読点も一字に含む)(14点)

(7) この文章で、筆者は雛をどのようなものと考えているか。最も端的に示している部分を文中から二十五字以内で抜き出せ。(句読点も一字に含む)(14点)

[南山大—改]

著者紹介

馬場あき子 一九二八(昭和三)年〜。東京都生まれ。歌人。昭和女子大学卒。高校時代から歌誌に参加し、中世文学への深い造詣を背景にした心情を作品にこめている。歌人としても著名であるが、古典文学の研究や評論の世界でも高い評価を得ている。歌集に「早笛」「飛花抄」「無限花序」など。また、評論に「式子内親王(しょくしないしんのう)」「鬼の研究」などがある。

09 小説 むかで

島木健作

時間 35分　合格 75点　得点　　点

月　日

解答 別冊11ページ

　ある夜、私は物音に目覚めた。虫の訪れを慰めにしている私だが、百足は妻の寝床に入ったり母が刺されたりしているので、物音に敏感になっている。

　洗面器のなかに落ち込んでいるのはかなぶんぶんどころか、百足の、しかもずいぶん大きな奴であった。

　私は大声で隣室の妻を呼んだ。妻は声でそれと察して起き上るなり叩く物を持ってやってきた。

「どこですか？」百足は早いから一刻を争うのである。

　妻は外へ這い出した瞬間を打とうときめたらしい。私もそのつもりで気をつけて見ていた。と、私たちは奇妙な発見をした。百足はその長い二本の触覚を真直ぐに伸ばして、狭い洗面器のなかをしきりにぐるぐる廻っているのだが、なかなか外へ出ようとはしない。

――いや、出られぬのである。

「①意気地のない奴だなあ。」私は笑いだした。そしていくらか安心した余裕をもってなおしばらく観察することにした。

　洗面器はどこにでもある瀬戸引[1]のものである。底辺をぐるぐる廻っている百足は、やがて頭をきゅっと持ち上げると、上の縁を目がけて山を登り始める。頭の上の縁までもうじきに届く、という所までは彼は登ることが出来る。しかしその時百足の胴体の半分以下は、山の丸味と勾配のために、半ば地から浮き上った形になって、無数の足は踏み場なく、ただ空しく忙しげに動いているばかりである。足が多いだけに却ってそれは徒労の感を深めて笑止[2]だった。百足は折角取りついたところから一歩も引くまいとしてしがみついているが、やがて力尽きて、するすると辷り落ちる。それを何度も繰り返している。何しろあのつるつるした瀬戸引は百足の足にはひどく都合のわるいものらしい。底を這いまわる時にもなんとなくよそよそしている。

語注

1 **瀬戸引**＝ほうろう引き。
2 **笑止**＝ばかばかしくておかしいこと。
3 **選りに選って**＝こともあろうに。他を選ぶこともできたであろうに。
4 **間の悪い**＝運が悪い。
5 **窮境**＝苦しい立場。
6 **剽悍**＝すばしこくて強いこと。
7 **雲泥の差**＝比較にならないほど大きな差があること。

二人はもう十回程もそれを繰り返すのを見ていた。妻は洗面器のなかで退治るしかないと思ったのだろう。叩くよりはつぶす武器を持って来た。

「そのままにしておけよ。」と私は言った。「明日の朝まで。」

「逃げたらどうします？」

「逃げられたら逃がしてやろう。明日の朝までそのままにしておいて、逃げられたらそれでよし、逃げられないようなら、運のない奴だから殺してしまおう。」

それで、そのカサカサという音が睡眠の妨げにならぬ場所まで洗面器は持って行かれた。翌朝起きるとすぐ私は聞いた。

「百足はどうしたい？」

「ええ、あのまんまです。」

「いよいよ運のない奴ときまったかな。」

私は洗面器を持って来させた。百足は少し弱っているようだった。身のこなしものろくさえ見えたし、もう昨夜程さえも山を登ることができぬところを見ると、明らかに弱りだしているのだった。

「昼までのばしてやれ。」

私はそういった。百足が落ち込んだのは全く偶然の不幸だということが私の頭にあった。選(よ)り[3]に選って間(ま)[4]のわるい所へ落ち込んだもので、それは百足自身の知ったことではない。彼自身の全能力を発揮して敏速に行動できる当たり前の場所で叩き殺されるのは、戦いであって、打つ方も打たれる方もさっぱりするだろう。彼自身の不注意とさえもいえぬ不幸なのだから、なるべくは、助けてやりたかった。しかしそれはこっちが手を添えてやるというのではなしに彼自身の力でその窮境[5]から脱出するのを黙認するということで、助けたかった。「よし、とうとう助かったな。今度は堂々とやって来いよ。」といってやれるように。

昼まで待った。同じことだった。弱りは一層目に見えて来た。元気な時でさえ脱出できぬものがこうなってはもう望みはない。しかし私は尚(なお)のばした。

助けてやりたい気と、同情とは別だった。②同情は全然起こらなかった。百足が害をする奴だ、ということとは全然無関係に。「何という不自由なものだろう！」そう思うと、何か

読解のポイント

1 **場面展開**をおさえる。

2 それぞれの場面における、**登場人物の心情**をおさえる。

3 登場人物の**人物像**を把握する。この文章に登場する人物は「私」と「妻」の二人。それぞれの人物についての表現を手がかりに、人物像を考えたい。

いまいましいような腹立たしさを感じた。あんなに剽悍[6]（ひょうかん）な奴が住み慣れた自然界を出て人工の世界に一歩足を踏み外すと、こんなちょっとしたことでもう身動きがとれなくなっている。

私はまた偶然の不幸に落ち込んだ人間に対すると似た気持ちも感じた。知人のなかなどによく、夜片足を溝泥（どぶどろ）のなかにつっこんだような不幸をなんということなしに次々に重ねている者がある。人間の場合は無論複雑だ。しかしそういう人間に対すると、やはり一種の苛立（いらだ）ちを感ずる。助けたくは思う。しかし素直に同情が起らない。この素直に同情が起らぬところが似ているのだ。

夕方になると百足のあの強靭（きょうじん）な触角までがげんなりして来た。気力尽きた感じだが、二年前に修善寺で、急流を渡ろうとして失敗に失敗を重ねてやはり気力尽きた赤蛙（あかがえる）を見たことがあったが、それとこれとは雲泥[7]の差というよりは、何の共通点もなかった。赤蛙には敗れたもの、滅ぶるものの美しさがあったが、百足にはみじめな醜さがあるばかりだった。赤蛙には内からの意志があったのである。

私は妻を呼んで百足を殺させた。妻は洗面器を庭に持ち出し、百足を地上に放ってから殺した。死ぬまえにもう一度土の上を這わしてやりたいというような気が妻にあったかどうか。地の気を吸った瞬間、百足はあッというほど元気を取り戻し、全然本来の面目を取り戻し、妻を狼狽させたという。それを聞いて私は心を打たれた。可哀想なことをしたという気がはじめてしたが、後の祭りだった。

(1) **傍線部①「意気地のない奴だなあ。」とあるが、このことばは「私」のどのような気持ちを示しているのか。最も適切なものを次から選び、記号で答えよ。**（25点）（　　）

ア 洗面器から出られない百足を見てとりあえず落ち着き相手を見下す気持ち。

イ とうとう百足をうまく罠にはめてやったという得意と満悦の気持ち。

ウ 予想したとはまるで違っておとなしい百足の姿が目に入った驚きの気持ち。

エ 洗面器からいつまでもでようとしない百足に対する不審といらだちの気持ち。

オ 窮地に陥って気力を失った百足への優越感がもたらすあざけりの気持ち。

参考

■**細かい描写を読む**

小説では、主人公をはじめとする**登場人物の心情**を読みとり、**人物像**を明確にすることによって、**主題**も見えてくるといってよい。

心情や人物像をつかむ手掛かりは、**行動の記述や会話**などの中に散りばめられている。あるいは、**情景描写**の中に隠されていることもある。話の筋だけに気を取られずに、なぜその描写がそこにあるのか、なぜその言葉が使われているのかを考え、丁寧に読みたい。

(2)☆ **傍線部②「同情は全然起こらなかった」とあるが、それはなぜか。最も適切なものを次から選び、記号で答えよ。**（25点）（　）

ア すでに弱りのはっきり見え始めた百足の姿は同情するに足るのだが、つい先日妻の寝床にはいりまた母を刺した記憶がそれを妨げるから。

イ 洗面器に落ちたというだけで自由を失ってしまった姿は、「私」の中にあった百足の野性的で剽悍なイメージを裏切るものだったから。

ウ 百足の姿が夜片足を溝泥につっこんでばかりいる知人と重なって見える「私」には、苛立たしさの気分が同情に先立ってしまうから。

エ 普通なら助けてやりたい気持ちは同情と切り離せないものに相違ないが、人にとって危険な虫の場合は例外であって然るべきだから。

オ 二年前に修善寺で見た赤蛙の優美さとはまるで違って、目の前の百足の姿は同じ滅ぶものでありながらあまりに惨めで醜かったから。

(3) **作中で「妻」はどのような人物に描かれているか。その説明として適切なものを次から二つ選び、記号で答えよ。**（完答50点）（　）（　）

ア 数日前に寝床に入られたので百足を恐れており、夫の優柔不断な態度を批判している。

イ 死ぬまえに地の気を吸わせてやろうと、百足を地面に放ってやるやさしい妻である。

ウ 情緒的な「私」とは異なって実際的な性格であり、百足を単なる虫としてしか見ていない。

エ 病気の夫を気づかい、朝から晩までそばにつきっきりで面倒を見ている世話女房である。

オ 夫の意思に従いながらも、必要な判断は自分なりに下して行動するような性格である。

〔成蹊大―改〕

著者紹介

島木 健作 一九〇三（明治三六）年〜一九四五（昭和二〇）年。北海道生まれ。小説家。主な作品に「生活の探求」「赤蛙」などがある。

10

評論

物理学と神

池内(いけうち) 了(さとる)

時間 30分　合格 70点　得点 　点

月　日

解答 ➡ 別冊13ページ

自然を相手に研究する科学者は、少なくとも机に向かっている間は唯物論者[1]であり、神のことはⓐネントウにない。そして、立ち向かっている自然の謎を解くにあたって、神の助けを得ようとも考えていない。しかし、なぜ、このような美しい法則が成立しているのか、自然の絶妙な仕組みがどのように準備されたかをふと考えるとき、それを神の御技と考える人はいる。

現在の自然科学の目標は、対象たる物質を①所与のものとして、その起源・構造・運動・変化の法則性を明らかにすることにある。たとえば、ニュートン[2]は、木から落ちるリンゴの運動と太陽をめぐる惑星の運動は同じ万有引力によって引き起こされており、その力の強さは距離の二乗に反比例することを明らかにした。このとき、「万有引力が距離の二乗に反比例していれば、これらの運動が正確に再現できることを証明した」のであって、「なぜ万有引力の法則が距離の二乗則になっているのか、なぜ三乗則ではないのか」を明らかにしたわけではない。もし、万有引力が距離の三乗に反比例する宇宙があれば、その宇宙の構造は私たちの宇宙とはまったく異なっていることだろう。そのような宇宙があっても別に構わないが、「少なくとも、この宇宙では、万有引力は距離の二乗に反比例している」と言っているのに過ぎない。

つまり、科学者は、「法則がなぜそのようになるのか」という問いに答えようとしているわけではなく、「そのようになっていることを証明しようとしている」だけである。なぜ空間は三次元なのか、なぜ光の速さは秒速で三〇万キロメートルなのか、なぜ電子の質量は五一〇キロ電子ボルトなのか、等々の基本的な問いかけには答えることができない。「そうなっている」としか言えないのだ。あるいは、「神がそうした」のだと信じ、自然の存在そ

語注

1 **唯物論**＝物質のみを実在するものとし、精神もそれに規定されると考える立場。

2 **ニュートン**＝一六四二年～一七二七年。イギリスの物理学者・天文学者・数学者。運動の法則、万有引力の法則の導入、微積分法の発明、光のスペクトル分析などの業績がある。

3 **ガリレイ**＝一五六四年～一六四二年。イタリアの物理学者・天文学者。振り子の等時性、落体の法則などを発見。自作の望遠鏡で天体を観測し、月の凹凸、木星の四個の衛星、太陽黒点などを発見してコペルニクスの地動説を支持し、教会から異端者として幽閉された。

4 **黎明期**＝夜明けにあたる時期。新しい文化・時代などが始まろうとする時期。

5 **不遜**＝へりくだる気持ちがないこと。思いあがっていること。

6 **量子論**＝量子力学、およびそれにより体系化される理論の総称。

7 **仮託**＝他の物事を借りて言い表すこと。

8 **全知**＝すべてを見きわめる知恵。完全な知恵。

9 **ご託宣**＝①「託宣」を敬っていう語。神の

のものや自然が従っている法則を、神の証（あかし）と考える科学者もいないわけではない。むろん、自然科学の最終目標はそれらの「なぜ」に答えることにある、とする無神論者の方が多いのだが。

そもそも、キリスト教世界である西洋に発した近代科学は、自然を神が書いたもう一つの書物とみなし（むろん、他の一つは『　』である）、自然を研究することは、神の意図を理解し、神の存在証明をするための重要な作業と考えてきた。ガリレイやニュートン[3]の著作には神の名がよく出てくるし、「神が創った宇宙だから美しいはず」という信念で研究に励んできた科学者も多い。②神の存在と自然科学は、少なくとも近代科学の黎明期（れいめいき）[4]ではなんら矛盾した関係にはなかったのだ。

しかし、時代を重ねるにつれ、神の存在証明をしようとして進めてきた自然科学であったにも関わらず、逆に神の不在を導き出す皮肉な結果を招くことになった。神の御技と思われてきたさまざまな現象が「物質の運動」で説明でき、神の助けがなくてもいっこうに構わないことがわかってきたからだ。神を嫌う不遜[5]な科学者が増える一方になったのである。一九世紀末、哲学者によって神の死が宣告されたころ、科学者は、この宇宙は熱死すると論じて神の死を保証すらした。そして今や、科学者が神の役割を果たしているかのごとくにⓑサッカクしかねない状況になってしまった。

とはいえ、科学者は、「なぜ」の問いかけに答えられないのだから、神と完全に手を切るわけにもいかない。そこで神をⓒ巧妙に利用する手を編み出すことになった。その好例は、アインシュタインが物質の運動を確率論的にしか予言できない量子論[6]を批判して、「神はサイコロ遊びをしない」と述べた一件だろう。物理法則がどのようなものであるべきかは、誰にも③先験的にわかることではなく、実験事実を基にして組み上げるしかない。その結果として、確率論的に記述する量子論にたどりついたのだが、その理論も実験を通じて検証するしかない。一つでも理論と矛盾する実験事実が発見されると、その理論はおじゃんになる。

お告げ。ありがたい仰せ。②人の下した判断や命令を、冷やかしの気持ちを込めていう語。（ここでは主に②の意味）

10 **パラドックス**＝逆説。

11 **八百万**＝数が限りなく多いこと。

読解のポイント

1 **文章の構成**をとらえることにより、筆者の論の展開を理解する。

2 **接続詞**に着目して、論の展開や前後の関係をとらえる。

3 筆者の示した結論を明確にし、その結論を全体の内容の中に位置づける。

人間はすべての実験をおこなうことができないから、その理論が正しいのかどうかの完全な証明は不可能である。それは、ただ「神のみぞ知る」ことなのだ。アインシュタインは、確率でしか電子のⓓキョドウが予言できないような物理法則が気に入らなかったので、神に仮[7]託してそれを拒否したのだった。これに対し、ハイゼンベルグなど量子論の創始者たちは、「どうして神をそんなふうに決めつけられるのか」と反論した。微視的世界は確率論的な理論でⓔカフソクなく証明できるのだから、サイコロ遊びが好きな神を受け入れればよい、というわけだ。それぞれ自分に都合がよい神のイメージを描いていたのである。

このように、科学者が神を持ち出すのは、④科学は全知[8]ではない人間の営みに過ぎないことを思い出させるため、とも言えるだろう。仮託した神に法則の正しさ(誤り)をお伺いしているのだ。仮託した神はそれぞれ異なるから、異なったご託宣[9]が出ることにもなる。ときには、神ではなく「悪魔」が登場したり、パラドックス[10]が持ち出されて、法則の盲点をつこうという挑戦もあった。また、科学の対象や内容が変化するとともに、サイコロ遊びどころか賭博(とばく)にふける神へと堕落したり、唯一神は捨てられて八百万(やおよろず)[11]の神になったりと、科学者が仮託する神の姿も変容してきた。これも、科学の法則には必ず適用限界があり、「絶対」と信じ込んではいけないことを警告するためかもしれない。

(1) **傍線部ⓐ～ⓔの漢字は読みを書き、カタカナを漢字に直せ。**（5点×5）

ⓐ（　　　）　ⓑ（　　　）　ⓒ（　　　）

ⓓ（　　　）　ⓔ（　　　）

(2) **傍線部①「所与のもの」の意味として最も適切なものを次から選び、記号で答えよ。**（10点）（　　　）

ア すでに証明されてわかっていること。

参考

■**文章の構成**

形式段落がいくらあっても、論理性を含む文章はおおむね大きく三つの部分に分けることができる。

●**序論**…書き出し・仮説・問題提起

●**本論**…展開・証明・例示

●**結論**…まとめ

(右の三段構成を「序・破・急」と呼ぶこともある。)

上の文章を三段構成にあてはめると次のようになる。

形式段落 1～4 ⟶ 序論

5～6 ⟶ 本論

7 ⟶ 結論

イ　問題解決の前提として与えられたもの。
ウ　問題解決に関係する事柄。
エ　神から特別に与えられたもの。

(3)　□に入る書名を書け。(15点)

（　　　　）

(4)☆　傍線部②「神の存在と自然科学は……矛盾した関係にはなかったのだ」とあるが、なぜ「矛盾」しなかったのか。文中の言葉を用いて三十五字以内で書け。（句読点も一字に含む）(15点)

(5)　傍線部③「先験的」の意味を書け。(15点)

（　　　　）

(6)☆　傍線部④「科学は全知ではない人間の営みに過ぎない」とあるが、なぜそのように言えるのか。簡潔に説明せよ。(20点)

（　　　　）

［山梨大―改］

著者紹介

池内　了　一九四四（昭和一九）年～。兵庫県生まれ。京都大学理学部卒。宇宙物理学者。総合研究大学院大学名誉教授。専門の宇宙物理学においても「泡宇宙論」を提唱するなどの業績をあげているが、近年は文系と理系という分断を超える「新しい博物学」を提唱していることで注目され、文系と理系の枠を超え、普遍的に物を見られる人材を育成することを目的としている。独文学者の池内紀（おさむ）は実兄。

11 小説　冬の標（しるべ）　乙川優三郎

時間 30分　合格 70点　得点　　点

月　日

解答 ▶ 別冊14ページ

（明世は、順之助（息子）、そで（姑）の三人と、天神町にある家で暮らしている。武家の妻としての務めを果たしてきたが、結婚するまでは、有休舎という画塾に通い、葦秋という先生に師事していた。ある日、実家を訪れた明世は、これから天神町に帰ろうとしている。）

片町の大通りへ出ると、彼女は天神町とは逆の方角へ歩いていった。通りには微風が立ち、いくらか涼しくなっている。足は思ひ川へ向かっていたが、有休舎までゆくつもりはなかった。この次葦秋に会うときは、未熟な絵を持参して批評してもらわなければならない。そう思いながら一枚の絵を描こうにも気持ちが奮わないままであった。

家にいても実家にきても落ち着かない気持ちをどうにかしなければ、絵にも集中できない。矢立て[1]と紙さえあれば描けたのはむかしのことで、暮らしに振り回されて生きるうちに澱のようなものが胸に溜まってしまった。世過ぎのために情熱を押し込めてきた人間と、情熱があるから貧しさを苦にしない人間の違いだろうか、葦秋には迷いは感じられない。そう考えてみると、①闇雲に絵筆をとるより澱んだ胸の底を浚う[2]ほうが先決であった。

けれども実際に何をどうすればよいのか分からない。もう一度、川の堤で考えてみようかと思いながら、母の部屋から裏庭を見ていたとき、ちらりと娘のころが思い出されて、彼女は思わず*しげの名を口にしたのだった。しげと堤を歩いていたころの純粋な気持ちが、いまでは他人のもののように感じられる。取り戻すには、思いきって何かを変えなければならないだろう。

思ひ川の堤に立つと、果して気の引きしまる気がした。ゆったりとした川の流れも、そこから土手を這い上がる風も、遠い記憶の淵から現われるから、気持ちの若返る気がする。静かな川面に見えてくるのは、まだ世間も知らないかわり、②蹉跌[3]も知らなかった奔放な娘の姿であった。

しばらくして、明世は川面から、ぽつぽつと小さな人影の揺れる堤の道へ目を移した。人影は葦秋の弟子たちだろう。立ち止まっているのは彼女ひとりで、そこにそうしていると、ぐずぐず考えることはないのだという気もする。自由になり切れないのは失った月日を引き

語注

1 **矢立て**＝筆と硯（墨つぼ）を一緒に収めた携帯用筆記具。
2 **浚う**＝川や井戸の底にたまった土砂などをきれいに取り除くこと。
3 **蹉跌**＝失敗のこと。
4 **習作**＝練習のために作った作品のこと。
5 **格好**＝ころあいの、ちょうどよい。
6 **形相**＝（激しい感情が現れた）顔つき。
7 **業腹**＝ひじょうに腹の立つこと、しゃくにさわること。

ずっているからで、

「懐かしいですねえ」

と言ったしげのほうがよほど逞しく、割り切りが早いのかもしれなかった。

その日、家へ戻ると、明世はそでに一通りの報告をしてから、それまでに描きためた絵の整理をはじめた。華秋に見てもらうのは新しい絵でなければならない、そう思いつめていたから、未練の湧かないものは捨ててしまうつもりだった。

台所の隅で行李を開けてひとつひとつ眺めていると、予想した通り不出来な習作[4]の多さに失望した。そのときは精神を磨ぎ澄まして描いたつもりでも、改めて見ると、荒んだ心が筆に移っていたのである。飽きるほど描いた竹はどれも精彩がなく、山吹や朝顔の花は乱れて暗く沈んでいた。

家に閉じ籠っていては描けない。やがて見るのもつらくなって次々と絵を破りながら、彼女はせめて日に一刻を自分ひとりのために使うことを決めると、夕餉のあと、思いきってそでに告げた。

「それで、何をしなさる」

そでは順之助とともに黙って聞いていたが、明世の話が終わると分かり切ったことを訊ねた。

「まさか、絵を描くつもりじゃないでしょうね」

「いけませんか」

「女子はまず家のことをするものですよ、家の中がきちんとしなければ、いいも悪いもないのです」

「決して家政をおろそかにするつもりはございません、順之助が一人前になるまでは父親の代わりもしなければなりませんし」

「それでも林左衛門や蔀が生きていたら、許さないでしょうね、まず林左衛門は無駄が嫌いでしたから……」

そでは言い、③不意に格好[5]の餌食でも見つけたように目を光らせた。明世はぞっとした。

「絵はおろか、あの人はわたくしに手紙も書かせませんでしたよ、下手な筆でだらだらと書くから紙も墨も無駄にする、と言ってね、江戸詰になっても便りひとつ寄越しませんでしたね」

読解のポイント

1 まず**登場人物**を明らかにすること。そしてその**相互の関係**を把握する。

2 **時間的経過**（遠い過去、近い過去、現在など）をつかんで整理する。

3 **人物の心理**を読み取る。**会話文**に注目するのはもちろんだが、人物の行動の記述の中に手掛かりとなる細かな描写があるのを見逃さないこと。

国許の妻子を案ずるどころか、帰国するなり粗を探して怒鳴り散らしたものだと、そでは亡夫への憎しみを露にした。

「付け届けの覚え書きもできんのか」

林左衛門の口を真似、小さな目を吊り上げて唇を歪めると、あとはもう鬼のような形相[6]で一気に話し続ける。一度そうなると誰にも止めることはできない。話は業腹[7]の赴くままに逸れてゆき、あるときふっと我に返るまで明世も順之助も押し黙っているしかなかった。口にしてもはじまらないことを掘り返すとき、そでは持病の痛みも忘れて、いつもより［　　］。

＊しげ…かつて、明世の実家で住み込みで働いていた女性。今も明世の実家にいる。

(1)☆ **傍線部①「闇雲に……先決であった」とあるが、「明世」がそう考えるのはなぜか。その説明として最も適切なものを次から選び、記号で答えよ。**（30点）（　　）

ア 結婚のために仕方なく絵の世界から遠ざかっていたのだという言い訳がましい心を克服しなければ、若い情熱に裏打ちされた勢いのある絵は取り戻せないと感じているから。

イ 妻や母としてだけ生きてきたこれまでの半生を省みると、自らの人生が芸術と深く結び付いていることを家族に理解してもらわなければ、絵を描くことに専念できないと感じているから。

ウ 絵に情熱を傾けてやまない師匠である葦秋への引け目を完全に心の中から拭い去らなければ、ねじけた自分の性格がいつまでも絵に投影されてしまうと感じているから。

エ 武家の妻としての世俗的な日常に明け暮れるうちに少しずつ蓄積されていった鬱屈とした感情を取り払わなければ、落ち着いて絵に取り組むことができないと感じているから。

(2) **傍線部②「蹉跌も知らなかった奔放な娘」のここでの意味として最も適切なものを次から選び、記号で答えよ。**（20点）（　　）

参考

■場面状況をおさえる

小説では、登場人物を明確にとらえるのと並んで、**場面状況**をつかむことが求められる。作者は主人公の境遇などをさりげなく表現していることが多いので、読み落とさないでつかむことが必要である。

課題文では、「暮らしに振り回されて」「世過ぎのために」「台所の隅で行李を開けて」などから、裕福ではない暮らしぶりが見えてくる。

ア 古いしきたりにはとらわれない、自由な感性を持った若い女性

イ 世の中や人情の機微にも思い至らず、独自の価値観を持った若い女性

ウ 失敗もなく、すべてがうまくいっていると信じていた若い女性

エ 人生のつまずきも知らず、自分の思うままに振る舞える若い女性

(3) **傍線部③「不意に格好の餌食でも見つけたように目を光らせた」とあるが、このときの「そで」の様子の説明として最も適切なものを次から選び、記号で答えよ。**(30点)

（　　）

ア 家のために生き、夫に仕えてきたそでとは違い、おなじ女性でありながら自らのために生きようとする明世への不快感をきっかけとして、押さえこまれてきた亡夫への憎しみを吹き出させようとしている。

イ 林左衛門と同様に無駄が嫌いな古い女であるそでとは違い、趣味の絵のために浪費をしかねない明世への憤りをきっかけとして、質素・倹約を旨とする武家にふさわしくない明世の態度を戒めようとしている。

ウ 家政を大切にしてきたそでとは違い、息子の順之助が一人前になるまできちんと面倒を見ようとしない明世への苛立ちをきっかけとして、跡取りである蕗を失った悔しさを再燃させようとしている。

エ 亡き夫に虐げられてきたそでとは対照的に、なんのしがらみもなくのびのびと自分のしたいことのできる明世への嫉妬をきっかけとして、悲しい自分の運命を呪いたいような気持ちになり始めている。

(4) **□に入る語句として最も適切なものを次から選び、記号で答えよ。**(20点)

（　　）

ア 憎らしげだった　**イ** 不服そうだった　**ウ** 苛立った

エ しみじみとした　**オ** 生き生きとした

[佛教大－改]

著者紹介

乙川 優三郎　一九五三(昭和二八)年～。東京都生まれ。時代小説を主とする現代の小説家。「生きる」で直木賞。「五年の梅」「かずら野」など。

12

小説　虞美人草　夏目漱石

「そうだね。小野を連れて来て見せてやればよかった」（と宗近君が言う。）

「京都はああいう人間が住むにいい所だ」

「うん全く小野的だ。大将、来いというのになんのかんのといって、とうとう来ない」

「春休みに勉強しようというんだろう」

「春休みに勉強ができるものか」

「あんなふうじゃいつだって勉強ができやしない。[1]一体文学者は軽いからいけない」

「少々耳が痛いね。こっちもあんまり重くはない方だからね」

「いえ、単なる文学者というものは［A］ぼうっとしているばかりで、［B］本体を見つけようとしないから性根がないよ」

「霞の酔っぱらいか。哲学者は余計な事を考え込んで苦い顔をするから、塩水の酔っぱらいだろう」

「君見たように叡山へ登るのに、若狭まで突き貫ける男は白雨の酔っぱらいだよ」

「ハハハハそれぞれ酔っぱらってるから妙だ」

甲野さんの黒い頭はこの時ようやく枕を離れた。光沢のある髪で湿っぽく圧しつけられていた空気が、弾力で膨れ上がると、枕の位置が畳の上でちょっと回った。同時に[2]らくだの膝掛けがずり落ちながら、裏を返して半分に折れる。下から、だらしなく腰に巻きつけた平絎の細帯があらわれる。

「なるほど酔っぱらいに違いない」と枕もとにかしこまった宗近君は、即座に品評を加えた。相手はやせた体を持ちあげたひじを二段に伸ばして、手の平に胴をささえたまま、自分で自分の腰のあたりをねめ回していたが

時間 30分
合格 70点
得点　点

月　日

解答 別冊15ページ

語注

1 **一体**＝だいたい、もともと。
2 **らくだ**＝らくだの毛から作る織物。
3 **居ずまい**＝座っている姿勢。
4 **どてら**＝綿を入れた大きめの着物。丹前。
5 **片腹痛い**＝おかしくて見ていられない。相手をあざけるときに使う。
6 **立ん坊**＝道ばたなどに立っていて、車の後おしなどにやとわれる労働者。
7 **幾多**＝数多く。
8 **肺腑に入る**＝心の奥底に入る。
9 **滂沱**＝涙がしきりに流れ出る様子。
10 **壮士**＝血気盛んな男。

「たしかに酔っぱらってるようだ。君はまた珍しくかしこまってるじゃないか」と一重瞼(ひとえまぶた)の長く切れた間から、宗近君をじろりと見た。

「おれは、これで正気なんだからね」

「居[3]ずまいだけは正気だ」

「精神も正気だからさ」

「[4]どてらを着てかしこまってるのは、酔っぱらっていながら、異状がないと得意になるようなものだ。なおおかしいよ。酔っぱらいは酔っぱらいらしくするがいい」

「そうか、それじゃご免こうむろう」と宗近君はすぐさまあぐらをかく。

「君は感心に愚を主張しないからえらい。愚にして賢と心得ているほど片腹[5]痛い事はないものだ」

「［C］とはぼくの事をいったものだよ」

「酔っぱらっていてもそれなら大丈夫だ」

「なんて生意気をいう君はどうだ。酔っぱらっていると知りながら、あぐらをかく事もかしこまる事もできない人間だろう」

「まあ立[6](たち)ん坊だね」と甲野さんはさびしげに笑った。勢い込んでしゃべって来た宗近君は①急にまじめになる。甲野さんのこの笑い顔を見ると宗近君はきっとまじめにならなければならぬ。幾多[7]の顔の、幾多の表情のうちで、あるものは必ず人の肺腑[8](はいふ)に入る。面上の筋肉がわれがちにおどるためではない。頭上の毛髪が一筋ごとに稲妻(いなずま)を起(おこ)すためでもない。涙管の関が切れて滂沱[9](ぼうだ)の観を添うるがためでもない。いたずらに激烈なるは、壮士[10]が事もなきに剣を舞わして床を斬るようなものである。浅いから動くのである。本郷座の芝居である。甲野さんの笑ったのは舞台で笑ったのではない。

毛筋ほどな細い管(くだ)を通して、捕えがたい情けの波が、心の底からかろうじて流れ出して、ちらりと浮世の日に影を宿したのである。往来にころがっている表情とは違う。首を出し

○読解のポイント

1 登場人物を確認し、**会話文**がそれぞれ誰のものかを明らかにする。

2 登場人物の関係を明らかにするとともに、**会話文**に着目して、お互いが相手をどのように思っているかをとらえる。

3 **比喩(ひゆ)的な言い回し**——哲学者、酔っぱらうなど——の内容を明らかにすることにより、文脈をとらえる。

て、浮世だなと気がつけばすぐ奥の院へ引き返す。引き返す前に、②捕(つか)まえた人が勝ちである。捕まえそこなえば生涯甲野さんを知る事はできぬ。

甲野さんの笑いは薄く、柔らかに、むしろ冷ややかである。そのおとなしいうちに、その速(すみや)かなるうちに、その消えて行くうちに、甲野さんの一生は明らかに描き出されている。この瞬間の意義を、そうかと合点するものは甲野君の D である。

(注) 問題文とするにあたって、原文を一部改めたところがある。

(1) **A ・ B に入る語句として最も適切なものを次からそれぞれ選び、記号で答えよ。**（12点×2）

ア 霞を食って
イ 霞をひらいて
ウ 霞に酔って
エ 霞が晴れて

A（　　）　B（　　）

(2) **C に入る語句として最も適切なものを次から選び、記号で答えよ。**（12点）

ア 酔うて乱れず
イ はきだめに鶴(つる)がおりたよう
ウ 大愚は大賢に通ず
エ いさめに従うこと流るるがごとし

（　　）

参考

■**夏目漱石・森鷗外(もりおうがい)**

漱石は鷗外とともに日本文学の二大巨頭である。

文学史的には、二人は「**反自然主義**」または「**高踏派**」と呼ばれる。

自然主義は、明治三十年から末にかけて、人間や社会を自然科学の手法で客観的に描こうとした文学運動であるが、漱石・鷗外はこの自然主義に反対したから反自然主義というのではない。当時主流であった自然主義に属そうとしなかったという意味で「**反自然主義**」なのである。したがって、その態度をもって、「**高踏派**」ともいわれる。

ただし鷗外の初期の作品『舞姫(まいひめ)』などは、**浪漫主義的傾向**が強い。

(3) 傍線部①「急にまじめになる」とあるが、宗近君が急にまじめになったのはなぜか。その理由として最も適切なものを次から選び、記号で答えよ。(14点)（　　）

ア 甲野さんがまじめな話をはじめようとしたから。
イ 甲野さんの感情が激したことを知ったから。
ウ 甲野さんの心底の思いを感じとったから。
エ 甲野さんが心を閉ざしたことを知ったから。

(4)☆ 傍線部②「捕まえた」と同じ意味をもった語句を文中から二十字以内で抜き出せ。(句読点も一字に含む)(14点)

(5) D に入る語として最も適切なものを次から選び、記号で答えよ。(12点)（　　）

ア 知己　イ 知性　ウ 本性　エ 相手

(6)☆ 文中に出てくる人物の中で、文学者、哲学者はそれぞれ誰か。名前を書け。(12点×2)

文学者（　　）哲学者（　　）

〔白百合女子大〕

著者紹介

夏目 漱石 一八六七(慶応三)年～一九一六(大正五)年。本名、金之助(きんのすけ)。東京都生まれ。帝国大学英文科卒業後、当時としては珍しい英国留学も経験した英文学者である。一九〇五(明治三八)年「吾輩(わがはい)は猫である」を発表し、作家活動に入った。一九〇七年、東京帝国大学教授の地位を捨て、朝日新聞社入社、その後、「三四郎」「それから」「門」のいわゆる三部作を発表するが、胃かいようを患い、結局はこれが命取りとなる。

13

小説　大導寺信輔の半生

芥川龍之介

時間 30分　合格 70点　得点　　点

　月　　日

解答 別冊16ページ

信輔は才能の多少を問わずに友だちを作ることは出来なかった。たとい君子[1]ではないにもせよ、智的ⓐ貪欲を知らない青年はやはり彼には①路傍の人だった。彼は彼の友だちに優しい感情を求めなかった。彼の友だちは青年らしい心臓を持たぬ青年でもよかった。いや、[A]はむしろ彼には恐怖だった。その代り彼の友だちは頭脳を持たなければならなかった。頭脳を——がっしりと出来上った頭脳を。彼はどういう美少年よりもこういう頭脳の持ち主を愛した。同時にまたどういう君子よりもこういう頭脳の持ち主を憎んだ。実際彼の友情はいつも幾分か愛の中に憎悪を孕んだ情熱だった。信輔は今日もこの情熱以外に友情のないことを信じている。少くともこの情熱以外に Herr und Knecht[2] の臭味を帯びない友情のないことを信じている。いわんや当時の友だちは一面には相容れぬ死敵だった。彼は彼の頭脳を武器に、絶えず彼等と格闘した。ホイットマン[3]、自由詩、創造的進化[4]、——戦場はほとんど到る所にあった。彼はそれ等の戦場に彼の友だちを打ち倒したり、彼の友だちに打ち倒されたりした。この精神的[B]は何よりも殺戮の歓喜のために行われたものに違いなかった。しかしおのずからその間に新しい観念[5]や新らしい美の姿を現したことも事実だった。いかに午前三時の蝋燭の炎は彼等の論戦を照らしていたか、いかにまた②武者小路実篤の作品は彼等の論戦を支配していたか、——信輔は鮮かに九月のある夜、何匹も蝋燭へ集まって来た、大きな灯取虫を覚えている。灯取虫は深い闇の中から突然きらびやかに生まれて来た。が、炎に触れるが早いか、嘘のようにぱたぱたと死んで行った。これは何も今更のように珍しがる価のないことかも知れない。しかし信輔は今日もなおこの小事件を思い出す度に、——この不思議に美しい灯取虫の[C]を思い出す度に、なぜか彼の心の底に多少の寂しさを感ずるのである。……

語注

1 **君子**＝学識・人格ともに優れた、立派な人。
2 **Herr und Knecht**＝ドイツ語。主人と下男の意。
3 **ホイットマン**＝一八一九年～一八九二年。アメリカの詩人。自由な形式で、強烈な自我意識・民主主義精神・同胞愛・肉体の賛美をうたった。
4 **創造的進化**＝フランスの哲学者ベルクソンの言葉。
5 **観念**＝物事に対してもつ考え。
6 **対蹠点**＝「たいせき（対蹠）」の慣用読み。向かい合わせた足の裏のように、二つの物事が全く反対の関係にあること。正反対。
7 **憧憬**＝「どうけい」とも読む。あこがれること。あこがれの気持ち。
8 **芥火**＝ごみなどを燃やした火。

信輔は才能の多少を問わずに友だちを作ることは出来なかった。標準はただそれだけだった。しかしやはりこの標準にも全然例外のない訳ではなかった。それは彼の友だちと彼との間を截断する社会的階級の差別だった。信輔は彼と育ちの似寄った中流階級の青年には何のこだわりも感じなかった。が、わずかに彼の知った上流階級の青年には、——時には中流上層階級の青年にも妙に他人らしい憎悪を感じた。彼等のあるものは怠惰だった。彼等のあるものは臆病だった。また彼等のあるものは官能主義の奴隷だった。けれども彼の憎んだのは必ずしもそれ等のためばかりではなかった。いや、むしろそれ等よりも何か漠然としたもののためだった。もっとも彼等のあるものも彼等自身意識せずにこの「③何か」を憎んでいた。そのためにまた下流階級に、——彼等の社会的対蹠点[6]に病的な憧憬[7]を感じていた。彼は彼等に同情した。しかし彼の同情もⓑ畢竟役には立たなかった。この「何か」は握手する前にいつも針のように彼の手を刺した。ある風の寒い四月の午後、高等学校の生徒だった彼は彼等の一人、——ある男爵の長男と江の島の崖の上に佇んでいた。目の下はすぐに荒磯だった。彼等は「潜り」の少年たちのために何枚かの銅貨を投げてやった。少年たちは銅貨の落ちる度に［D］海の中へ跳りこんだ。しかし一人海女だけは崖の下に焚いた芥火[8]の前に笑って眺めているばかりだった。

「今度はあいつも飛びこませてやる」

彼の友だちは一枚の銅貨を巻煙草の箱の銀紙に包んだ。それから体をⓒ反らせたと思うと、精一ぱい銅貨を投げ飛ばした。銅貨は［E］光りながら、風の高い浪の向うへ落ちた。するともう海女はその時にはまっ先に海へ飛びこんでいた。信輔は未だにありありと口もとに［F］を浮べた彼の友だちを覚えている。彼の友だちは人並み以上に語学の才能を具えていた。しかしまた確かに人並み以上に鋭い犬歯をも具えていた。……

(注) 問題文とするにあたって、原文を一部改めたところがある。)

○読解のポイント

1 主人公がどんな人物であるかを性格描写やエピソードからとらえ、その**心情を理解**する。

2 示されたエピソードの場面描写に着目して、その情景を思い浮かべるとともに、主人公の苦しみや小説全体のもつ意味を考える。

3 繰り返される語句や表現がどんな意味をもっているか、主人公の人物像にどんな効果を与えているかをおさえる。

4 小説の文体に慣れ、使われている語彙についての理解を深める。

(1) **傍線部ⓐ〜ⓒの漢字の読みを書け。**（5点×3）

ⓐ（　　　）ⓑ（　　　）ⓒ（　　　）

(2) **傍線部①「路傍の人」と同じ意味の語句として最も適切なものを次から選び、記号で答えよ。**（5点）

ア 近所の人　**イ** 親しい人　**ウ** 同伴者
エ 見下げる人　**オ** 無縁の人

（　　　）

(3) **[A]に入る語句として最も適切なものを次から選び、記号で答えよ。**（14点）

ア いわゆる悪友　**イ** いわゆる学友　**ウ** いわゆる親友
エ いわゆる同志　**オ** いわゆるライバル

（　　　）

(4) **[B]に入る語を文中から漢字二字で抜き出せ。**（14点）

□□

(5) **傍線部②「武者小路実篤の作品」として最も適切なものを次から選び、記号で答えよ。**（5点）

ア『青年』　**イ**『浮雲』　**ウ**『三四郎』　**エ**『友情』　**オ**『斜陽』

（　　　）

参考

■ **文学史**

小説の問題では文学史について問われることが多いので、簡単に解説する。

①**浪漫主義**
泉　鏡花（「高野聖」）
樋口一葉（「たけくらべ」「にごりえ」）

②**自然主義**
島崎藤村（「破戒」「夜明け前」）
田山花袋（「蒲団」）

③**耽美派**
谷崎潤一郎（「刺青」「細雪」）
永井荷風　（「あめりか物語」「濹東綺譚」）

④**白樺派**
武者小路実篤↓解答参照
志賀直哉（「小僧の神様」「暗夜行路」）
有島武郎（「或る女」）

⑤**新技巧派（新思潮派）**
芥川龍之介（「羅生門」「鼻」「河童」）

⑥**新感覚派**
横光利一（「機械」「春は馬車に乗って」）
川端康成（「伊豆の踊子」「雪国」）

(6) C に入る語句は何か。これより前の本文中の漢字を組み合わせた二字の熟語を答えよ。（14点）

(7)☆ 傍線部③「何か」を、比喩的に表現した語句を文中から五字以内で抜き出せ。（句読点は一字に含まない）（14点）

(8) D・E に入る言葉の組み合わせとして最も適切なものを次から選び、記号で答えよ。（5点）（　　）

ア D＝ぞくぞく　E＝ちかちか　**イ** D＝つぎつぎ　E＝あかあか

ウ D＝どんどん　E＝ちらちら　**エ** D＝ぽんぽん　E＝きらきら

(9)☆ F に入る語句として最も適切なものを次から選び、記号で答えよ。（14点）（　　）

ア 得意満面の笑い　**イ** 皮肉な笑い　**ウ** 残酷な微笑

エ 悲喜こもごもの笑い　**オ** 同情的な苦笑

［中京大―改］

著者紹介

芥川 龍之介　一八九二（明治二五）年～一九二七（昭和二）年。東京都生まれ。小説家。生後七か月後ごろに母が精神に異常をきたしたため、母の実家である芥川家に預けられる。東京帝国大学進学後、第三次「新思潮」を刊行し、翌年「羅生門（らしょうもん）」を発表。「鼻」で夏目漱石に認められ、文壇に入る。その作品の多くは短編であるが、「芋粥（いもがゆ）」「藪（やぶ）の中」「地獄変」「歯車」など、「今昔物語」「宇治拾遺物語」などの古典から題材をとったものが多い。「蜘蛛（くも）の糸」「杜子春（とししゅん）」などの童話も書いた。一九二七年にぼんやりした不安を理由に、遺書を残し服毒自殺。のちに、芥川の業績を記念して芥川賞が設けられた。

編集協力　エディット
装丁デザイン　ブックデザイン研究所
本文デザイン　A.S.T DESIGN
DTP　スタジオ・ビーム

大学入試 ステップアップ 現代文【標準】

編著者　大学入試問題研究会
発行者　岡　本　泰　治
印刷所　寿　　印　　刷

発行所　受験研究社

〒550-0013 大阪市西区新町２丁目19番15号
注文・不良品などについて：(06)6532-1581(代表)／本の内容について：(06)6532-1586(編集)

Printed in Japan　高廣製本
落丁・乱丁本はお取り替えします。

解答・解説

01 知的創造のヒント

4~7ページ

(1) ⓐちんじょう ⓑ私心
(2) **ウ**
(3) **ア**
(4) **ア**
(5) **ウ**

ポイント

◆関心をもつことは必要であるが、それによって対象と利害関係が生じると、精神の自由が制約されてしまう。

◆関心の拘束から自由になることが大切で、些細なことに関心を向けることによってその状態を生み出す。

◆関心、自由、執着、拘束、離脱、忘却、遊離などの言葉が飛び交っているが、筆者は**文の中で言葉の定義をしているので**、**それらを丁寧に読み取ろう**。言葉の定義を確定させれば、文意も明白になる。

解説

(1) ⓐ「枕」のほかの音読みは「シン」である。「枕」を使った四字熟語として「枕流漱石（ちんりゅうそうせき）」があるが、負け惜しみの強い、という意味。ⓑ「私心」とは、自分だけの利益を考える気持ち。「私」を使った熟語には、ほかに「私情」「私有」などもある。

(2) 傍線部①の直前「したがって」に着目する。これは、それまで述べられている内容の当然の結果・結論があとにくることを表す接続語である。そこで、「したがって」の前で書かれている内容を読み取ると、物事を考えるには、注意が一点に集中することを避ける必要があること、その上で、三上のような完全に自由にならない場所では、「些細なこと」が大きな関心事を忘れさせてくれるということが書かれているとわかる。それに合うものを選ぶ。**ア**「思考の拡がり」、**イ**「些細な事柄にこそ」、**エ**「日常から離れた思考」、**オ**は「新たな発想へとつながる」が誤り。

(3) 傍線部②中の「日常性からの遊離」に着目すると、その少し前に、これとよく似た「日常性からの離脱」を見つけることができる。続く説明から、それは日常的な利害関係から脱することだとわかる。そして、人間は三上の状態にあるとき、日々の雑事における利害関係から離れることができるのである。

(4) 傍線部③の直前までは、ものを考えようとして、それに関心をもつと、ものが自分の望む形に見えてしまい、思考が不自由になると書かれている。これに順当に続く形として傍線部を含む一文があるので、**ア**か**オ**が正解となる。**ア**「だからこそ」は、あとに続く文の内容をより強調して述べる役割があり、傍線部以降が筆者の主張となっているので、よりふさわしいのは**ア**である。

(5) 空欄の直後にある「そこ」に着目し、この指示語が指している内容を探す。すると、直前の段落の最後にある「はげしい関心をもちながら関心の拘束から自由になり、インタレストをもちながらディスインタレステッドネスの状態をつくり出さなくてはならない」を指しているとわかる。このようにすることで、思考は不自由にならない、つまり自由になることができるのである。

ひっぱると、はずして使えます。

要約

精神を自由にするには、いくらか肉体を不自由にする方がよい。昔の詩人は、馬上・枕上・厠上の三上がよいといった。些細なことに関心が向けられている方が精神の自由には好都合で、三上はそれに適した状態といえるだろう。ものを考えようとすれば、何かに関心をもつ必要があるが、そのために思考は不自由になる。三上のように、むしろ、インタレストをもちながらディスインタレステッドネスの状態をつくり出すのがよい。

---

02 自画像 ……8～11ページ

(1) オ
(2) ウ
(3) イ
(4) ア（↓）エ（↓）ウ（↓）オ（↓）イ

ポイント

◆事実が順を追って詳細に記されてある。読み落とさないように丁寧に読んでいこう。

◆科学者である筆者が自画像を描く際に覚えた違和感と、それを解消するための科学者ならではの自画像の描き方についての考察が述べられている。

(1) 傍線部①の最初に「要するに」とあることから、そこまでで書かれている内容を短くまとめようとしていることがわかる。人間の顔は、左右対称ではなく、目の前に鏡を一枚置いたからといって、見えている自分の顔はどこまでいっても左右反転した像であって、それを実際に見えている顔として正確に把握することは不可能だと述べられている。

(2) 「おっくう」とは、面倒に感じること、気乗りがしないこと、という意味。

(3) 傍線部③の前に書かれている「とうとう右衽に誤魔化してしまった」から、自画像を右衽にして描いたことを不愉快だと感じていることがわかる。これを踏まえて文章をさかのぼると、その少し前に、鏡に映っている自分は左衽となっているのに、それをその通りに描かなかったのだということがわかる。筆者のもつ「科学と芸術」の意識は、見た通りに描きたいと思っているのだが、それでも右衽となるように描いたのは、絵として何か不自然ではないかと思ったこと、左衽だと母が嫌がるだろうと思ったからである。つまり、見たままの姿に描きたいという気持ちもあったのに、それを曲げて、見たままに描かなかったことを不愉快だと言っているのである。

(4) 内容的に、**ア**と**オ**は対となっており、時間は**ア**→**オ**と流れていることをおさえる。また、**オ**の「子供の顔を注視して」に着目すると、**ウ**・**エ**は**オ**より前にくることと、この二つは**エ**→**ウ**というつながりとなることがわかる。ここから、**ア**(夫婦の顔が似ていない)→**エ**(子供は両親のいずれにも似ている)→**ウ**(両親の違った顔が子供の顔の中で融合し、自然な顔を構成している)→**オ**(両親の顔まで似ているように思われた)という順に並ぶとわかる。**イ**の「このような現象」とは、この四つの文の内容をまとめて指しているのである。

要約

はじめて自画像を描いたとき、鏡に映った像と実像との違いに気づき不愉快になった。その時描いた自画像は、皺だらけのしかめ面であったが、第二号の自画像は温和な若々しい顔になり、同じ顔を描いても別人のようになったことから、顔の相似を決定づける要素について考えるにいたった。比較や分類の統計など科学的な方法によっては、この要素を分析し抽出する手がかりとなるかもしれない。

03 教養としての言語学 …… 12〜15ページ

(1) ⓐ積乱雲　ⓑ察知　ⓒ共起　ⓓ触発　ⓔ戸惑(途惑)
(2) 因果関係
(3) X**カ**　Y**オ**　Z**エ**
(4) Ⅱ自然記号　Ⅲ人為記号
(5) 例(記号とそれが表わし示す事柄との相互関係がなく、)特定の場面や情況の下で社会的な一種の取り決めに基づいて決められた人為的社会的な(記号的解釈。)(39字)
(6) **あ** 入道雲の発生(入道雲)　**い** 夕立　**う** 煙　**え** 火
お カモメの群舞　**か** 魚群の存在　**き** (信号や各種の)交通標識
く 停止や進行　**け** 黄色と黒の縞模様
こ 危険であることや危険物　**さ** 白や黒の色
し 死者に対する哀悼の意

ポイント

◆**「自然界における特定の原因と結果の結びつき」によって成立している記号的解釈**と、両者の間に「本能的生理的な」つながりがないもの、**「人間が社会的な約束事として、人為的に決めた」記号的解釈**について述べている。
◆ことばは、その二つの**性質**を備えていることが古くから知られていたことを指摘している。

(2) 「雲と夕立」「煙と火」の関係について、「どれもみな天然自然の現象」であることが説明されている。これらについて、最初のⅠ直

後で、「自然界における特定の原因と結果の結びつきを知っていて」予想できたり、察知できたりするものであることが説明されている。「原因と結果」の関係を、「因果関係」という。

(3) X 入道雲と夕立の例を挙げたあとに、「雲が夕立の記号」となることに話題を転じているので、「ところで」があてはまる。Y 「雲と夕立」の関係を述べた上で、「火と煙」の関係をつけ加えているので、「また」があてはまる。Z 「雲と夕立」「火と煙」の例を挙げた上で、「あるものA」と「別の特定のものB」との関連を述べている。AとBは、それぞれ雲や夕立を言い換えたものなので、「つまり」があてはまる。

(4) これまでに説明されているものは、「自然界における特定の原因と結果の結びつき」によって成り立つ「自然記号」と、「人間が社会的な約束事として、人為的に決めた」ことで成り立つ「人為記号」である。

(5) 波線部は「自然現象間の何らかの相互関係」に基づくものなので、「自然記号」について述べているとわかる。対立的にとらえられているのは、「人為記号」である。「人為記号」とは、「青色と進行」のように、相互関係が因果関係などに支えられているものではなく、「特定の場面や情況の下で、社会的に決められた」、人為的なものなのである。

(6) 「自然によるもの」は自然記号、「取り決めによるもの」は人為記号。本文に挙げられている順に述べている点に注意する。最初に出てくるのは、自然記号である。「入道雲の発生」で対応するものが「夕立」である。次いで、「煙」と「火」の関係、「カモメの群舞」と「魚群の存在」が挙げられている。そのあとで、人為記号が述べられている。順番は、「交通標識」で、「停止」「進行」などが対応する。その次に、「黄色と黒の縞模様」があり、「危険(物)」が対応する。最後に、「白」「黒」などの、「死者に対する哀悼の意を表わす」色が挙げられている。

要約

私たちは日常生活の中で、自然現象の相互関係に基づく記号的解釈を行っている。入道雲と夕立、カモメの群れと魚の大群などがそうである。一方、それとは異なる性質をもつ、特定の場面や情況の下で、社会的に取り決められた人為記号も使われている。交通標識の停止の合図の赤色や、哀悼の意を示す色などがそうである。人間の使うことばは、この自然記号的な側面と、人為記号的な側面の両方を備えていることは、古くから知られていることである。

04 文学とは何か ……………………… 16～19ページ

(1) ⓐ冒頭 ⓑ匹敵 ⓒ溶液 ⓓ極端 ⓔ叙述

(2) 客観描写

(3) 主人公～とする

(4) 例日常生活の約束や習慣に基づくのではなく、散文をつくる作家の主観的な分類のしかたによって対象との関係を定義すること。(57字)

(5) (ア)例二月革命に参加した人々。
(イ)Ⅰ例王制に批判的であり、対象に共感を抱いている。
Ⅱ例王制を支持する立場であり、対象を敵対視している。

ポイント

◆文章の内容を大きなまとまりに分けつつ**全体の構成**をとらえる。一段落が長くなっているため、内容的な区切りを考えないととらえにくい。

◆抽象的な言い回しを**具体的なもの**に置き換えつつ、内容をとらえる。抽象論が続くとわかりにくくなる。たとえばどういったことを言おうとしているのか、どういう事柄があてはまるのかを考えながら読む。

◆**対立概念**をとらえ、その違いを明らかにする。

解説

(2) 7行目に「客観描写は、それが目に見えるものを目に見えるように描くということを意味する」とあり、比較的容易に正答を導き出せる。

(3) 傍線部②を含む一文を読んだうえで考える。傍線部②が小説で描写される風景について述べられていることをおさえる。続く記述で「映画」の魅力が述べられ、さらに小説の魅力との比較がなされ、「小説における散文は」に続く部分で、小説についてその魅力が説明される。

(4) 傍線部③の直前部で文学的散文の特質について述べられており、そこで展開された議論が傍線部③を含む一文で言い換えられまとめられている。その内容をもとに書く。この問題のように対立する二つの概念が対照されている場合には、それぞれを示しながら書くこと。

(5) 具体例の理解を確かめる問いである。
(ア)「人民大衆」と「不逞の輩」がともに指し示すものは何か、と考える。革命に参加した人々を指しているのである。
(イ)「書き手と『対象』とのどのような『関係』がそこに示されているのか」という問い方は、すなわち、書き手が対象をどのように見ているのか、ということである。「不逞の輩」は「無法なふるまいをする者」という意味。

要約

散文は映画と異なり、目に見えるものを目に見えるように描くものではない。散文における言葉による表現とは、単に客観的な対象を示すのではなく、表現者と対象・世界の関係を示すものなのである。したがって、作家というものは、その世界と自分との関係を定義する「定義のしかた」に責任を負っているのである。

05 日本語 表と裏 ………… 20～23ページ

(1) ⓐ推測 ⓑ起源(起原) ⓒ克服 ⓓ軌跡
(2) ①(例)非難(批判) ③(例)事情(状況)
(3) 4
(4) 例花も紅葉も何も見えないかくれた浦にこそ、秋の夕ぐれの真の美しさがあると歌ったように、おもてよりうらに価値を置き、そこにこそ美の本質があるとする考え方。(75字)
(5) 例西欧人はうらをおもてへと引き出す努力をしてきたが、日本人はあからさまをきらった。(40字)
(6) **ウ**

ポイント

◆**キーワード**である**「うら」**がどういった意味で用いられているのか、文章に即してとらえる。

◆例示された事柄がどういう意味で例として示されているのか、その事柄のどういう面を問題にしているのかを明らかにし、文脈をとらえる。この文章では、**定家の歌の引用**が重要である。

◆対照的に扱われている事柄をとらえ、**対照の内容**を明らかにする。

解説

(1) ⓓの「キセキ」は「たどってきた道筋」の意である。同音異義語の「奇跡」ではない。

(2) 傍線部①「指弾」の原義は指ではじくこと。つまり、つまはじきにされることである。非難して排除するというニュアンスがある。傍線部③「消息」には「手紙」「音信」などの意味もあるが、ここでは「政界の消息に詳しい」などと使うような、「事情」(状況)がよいだろう。

(3) 脱落文の内容をポイントを絞って考えるとよい。「いとわしく」「重視し」「畏敬さえする」という言葉につながる内容を段落内にとらえる。その際、段落の末尾につながる一文であるから、段落全体の内容を受けていることを念頭におく。そういう意味では6の段落に「畏怖」といった言葉があり、関連がありそうに思われるが、西欧人は「いとわしく」思っていないし、「うら」を「畏敬」はしていない。4の段落の終わりに「日本人は『うら』という観念に対して、アンビバレンツ(両極的)なイメージを抱きつつ、特有な感情をつくりあげた」とあり、続いてその具体例が挙げられている。脱落文はこの内容を要約し言い換えたものと考えられ、あとに入るのが適当ということがわかる。

(4) 設問にある「定家の歌に即して」という点がポイント。定家の歌にある「うら」とは何かを明らかにして、それが美学=美しさに関する独特の考え方であるということを説明すればよい。一般的な歌意は「漁師小屋のある海岸の景色を眺めると、そこには花も紅葉もないのに秋の夕暮れをしみじみと感じさせてくれる。心打つ景色には花も紅葉もいらないのだ」となる。

(5) まずは「6・7」のそれぞれの段落の内容をおさえる。両者の関係は6で「西欧の人たち」、7で「日本人」の考え方をそれぞれ述べており、いわば比較・対照の関係になっている。これを踏まえて、それぞれの段落の中心文をまとめる。

(6) Aの直後に「日本人の美学」とある。つまりそれは「うらの美学」であり、空欄部分はその「うらの美学」を端的に示した内容の言葉が入ることになる。「うら」にあたる内容を示しているのは**ア**

か**ウ**だが、他人の悪い所を自分の手本にするという形で、「うら」を「悪い所」というマイナス面に置き換えるよりも「秘すれば」（かくれた所）というほうが、両極的なイメージをもつものの、日本人はそこに美の本質を見ている（＝「花なり」）というこの文章の「うら」のニュアンスに近い。

要約

うらの本義は「見えないもの」「かくれているもの」であり、うらに対する反応にはプラスとマイナス両面がある。日本人はおもてよりうらに価値を置く、特有の美学をつくり上げている。それは西欧人の考え方とは対照的に、あからさまなことをきらう美学である。

06 かたちの日本美

24〜27ページ

(1) A**エ**　B**イ**
(2) 2
(3) 例 フラクタル理論のもつ自己相似性によって解析することができる、その中に黄金比の割合で連続する数列を内包しているという秩序。（60字）
(4) A×　B○

ポイント

◆西洋の美と日本の美の対比を通して、**日本の美**を説明している文章。
◆西洋の美を造形的にとらえると、「定形、対称、黄金比」というキーワードが浮かんでくる。たとえばフラワー・アレンジメントのように、その造形に決まりのある美で、そうすることで誰にでも**再現可能**なものとなっている美である。ユークリッド幾何学によって説明することができるものである。
◆一方で、日本の美を造形的にとらえると、「非定形、非対称、オーガニック・フォルム」というキーワードが浮かんでくる。一見すると出鱈目なかたちのように思われるが、実は**秩序を備えている**ということが明らかになっている。
◆西洋の美はユークリッド幾何学、日本の美はフラクタル幾何学という**対比**によって説明されていることを読み取りたい。

解説

(1) 「とりもなおさず」とは、「言い換えると」という意味。日本の美といえば、自然や四季、花などを思い浮かべるに違いなく、そ

れは言い換えると、「日本人が描く美のフォルムは、自然の姿やかたちである」といえる。B直後の「〜ことに至高の美があるとした古来よりの日本人の美意識」に着目し、「古来よりの日本人の美意識」について書かれている部分を探す。すると、第五・第六段落を見つけることができる。古来より日本人は、不ぞろいなかたちをうまく配置し、全体のまとまり感を出すことに美的関心を注いできた。それは、自然の中で、自然にあるものを利用して何かを作り出していくことで、自然と一体となり、融合したいという願望の表れでもあったのである。このことを踏まえて空欄に入るものを考える。

(2) 脱落文では、「日本の生け花や茶道」といった例を取り上げ、これらは「自然の姿・かたちを人間が再現した芸術」で、非定形なもののかたちの関係やバランス等を視覚的に統一したものだと説明されている。さらに、脱落文中の「まさしく」という言葉に着目すると、この文の入る直前の段落には、脱落文とほぼ同じ内容が書かれているということがわかる。これを踏まえて読み進めると、第五段落で、日本の美について、脱落文で書かれていることとほぼ同じ内容の記述を見つけることができる。

(3) 設問文の内容から、「自然界のかたち・姿」の秩序について書かれている部分を探せばよいということがわかる。すると、傍線部の次の段落に、ユークリッド幾何学では説明することのできなかった「自然界のかたち・姿」だが、マンデルブロによって、そこに数的秩序が発見されたと書かれている。マンデルブロの発見はフラクタル理論と名付けられたが、この理論は自己相似性をもっており、この概念は、その中にフィボナッチ数列という黄金比の割合で連続する数列を隠し持っている。そして、自然界のさまざまなかたちや現象も、同様に自己相似性という性質を内包した、フラクタルのかたちをしている。ここから、「自然界のかたち・姿」にも、黄金比の割合で連続する数列を隠し持っているという秩序があるということがわかる。この内容をまとめればよい。

(4) Aは、第五段落の「かたち同士のバランスを考えながら全体のまとまり感をつくりあげる」に合致しない。Bは、フラクタル幾何学によって、「出鱈目なかたち」のように思われた自然界のかたちや姿にも秩序があることがわかり、コンピュータで表現できるようになったと本文中に書かれているので、合致する。

要約 西洋の美は定形があり、再現性の高いものである。一方、日本は自然の中にその美しさを見出した。自然は、一見すると秩序がなく、出鱈目なかたちをしているように思われる。しかし、フラクタル幾何学によって、そこにも秩序があることがわかった。そこに見られる秩序には、西洋の美の根本にもある黄金比があり、大変興味深い。日本人は本能的に、自然の美しさの中に黄金比が内包されていることを見抜いていたとも言えるのではないか。

07 知楽魚 ……………… 28〜31ページ

(1) 絶たない（たたない）
(2) 君は魚でない
(3) **エ**
(4) **オ**
(5) 実証されていない物事
(6) **オ**
(7) **エ**
(8) **ウ**

ポイント

◆恵子と荘子のやりとりから、科学者のものの考え方として、「実証されていない物事は、一切信じない」と、「存在しないことが実証されていないもの、起り得ないことが証明されていないことは、どれも排除しない」という**両極端**があることをおさえる。

◆筆者が構造を知りたいと思っている素粒子が、構造を「見わけるのが不可能に近い」ものであることから、将来、素粒子の構造が把握されるに至る考え方に必要なものを意識し、**荘子のような考え方を排除**できないと考えていることを読み取る。

解説

(1) 「あとを絶たない」は、次々起こるさまを表す慣用句。

(2) 「僕は君でない」から「君のことはわからない」のであり、「君は魚でない」ので「魚の楽しみがわからない」という論法である。

(3) 傍線部①の直後の部分に、禅と科学の違いを述べた上で、「科学の合理性と実証性に、かかわりをもっているという見方もできる」と指摘している。

(4) 「実証されていない物事は一切、信じない」と「存在しないことが実証されていないもの、起り得ないことが証明されていないことは、どれも排除しない」という両極端を示しつつ、「科学者のものの考え方は、……間のどこかにある」と大きくわけているので、**オ**の「大ざっぱ」が適切である。

(5) 「原子」について、十九世紀になっても、「直接的証明はなかった」ものであり、「存在しないことが実証されていないもの」の例であることがわかる。

(6) D・E のある文では、「存在しないことが実証されていないもの、起り得ないことが証明されていないことは、どれも排除しない」という考え方について述べている。つまり、実証されていない、証明されていない、「否定」されていないものについて、「排除しない」という考え方を言い換えている。

(7) ここは、「魚の楽しみ」と対応する部分である。「楽しみ」を感じるのは心であるから、**エ**「心」が適切である。

(8) 最終段落から、筆者が「素粒子の構造は何等かの仕方で合理的に把握できる」と考えている一方で、素粒子のような微小でとらえにくい、つまり「謎めいた存在」の構造を把握するためには、「常識の枠を破った奇妙な考え」が必要かも知れないと考えているのである。その「奇妙な考え」を排除しないため、「存在しないことが実証されていないもの、起こり得ないことが証明されていないことは、どれも排除しない」という考え方を残しておくというのである。

要約

「知魚楽」は「荘子」の一節から取った言葉で、科学の合理性と実証性にかかわりをもっているとも考えられる。科学者の考え方として、「実証されていない物事は信じない」というものと、「存在しないことが実証されていないもの、起こり得ないことが証明されていないことは、排除しない」というものがある。前者は窮屈で、後者は寛容な考えだ。素粒子を考えるとき、今までの常識とは違った考え方をしなければならない可能性があり、荘子のような寛容な考えを排除できない。

08 古典余情―雛の町へ―

32～35ページ

(1) ⓐ俳号 ⓑ白壁 ⓒみやげ ⓓ流浪 ⓔぞうげ ⓕ将棋盤 ⓖこ ⓗ庶民

(2) **エ**

(3) **イ**

(4) **ウ**

(5) **ア**

(6) 雛まつりの雛には、親の愛を得ていた日の女の子の名こそふさわしいかもしれない（37字）

(7) 雛は、女のくらしの幸福感とともにしかなかったものだ（25字）

ポイント

◆話題について、**さまざまな側面**から描写している。それぞれを整理してとらえる。

◆引用された俳句、**歌の意味**を明らかにするとともに、それを引用した筆者の意図をとらえる。

◆話題である雛と筆者の**心のつながり**をとらえる。

(2) **ウ**か**エ**のところまでは絞れるだろう。雛まつりは春であること、また、**ウ**の「めずらしい」と**エ**の「楽しい」を比べると、**エ**のほうが筆者の心情に近いと思われることなどから、**エ**が適切である。

(4) 「手すさび」は、手先で物をもて遊ぶことをいう。

(5) **イ**は論外。**ウ**は「祖父母」という根拠がない。**エ**は、文章全体に

「男のやさしさ」に目を向ける文脈ではない。**ア**か**オ**だが、俳句の意味を考えると、**ア**が適切である。

(6) 傍線部③の「その思い」とは、直前に引用されている短歌にこめられた思いである。歌では、雛の作者が忘れられているという点と「おくふかきてり」という、雛のすばらしさ、現在の満足がうたわれている。つまり、作者こそわからないが、現在、女の子に大切にされていることに雛が満足しており、より美しく見えるというのである。その点を、制限の字数との関係から求める。

(7) (6)と関連してくるが、この文章では、雛が、そのときの持ち主にかわいがってもらうことによって、より美しさを増すということが語られている。逆にいえば、雛の美しさは、それを扱う女性たちの幸福に裏打ちされているということなのである。

要約

細谷家のご当主は俳人である。数々の雛が並ぶ旧家の雛段を見ていると、女のくらしの幸福感が伝わってくる。しかし、持ち主の手を離れ、流浪する雛は女の不幸を思わせる。細谷家に掲げてあった、人形作家で歌人の鹿児島寿蔵氏の自筆の歌に歌われているように、多くの古雛はその作者の名を伝えていない。それは、持ち主の女のものになりきっているからだ。雛まつりの雛には、親の愛を得ていた日の女の子の名こそふさわしいかもしれない。

---

09 むかで

36～39ページ

(1) **ア**
(2) **イ**
(3) **ウ・オ**

ポイント

◆洗面器に落ちた百足の描写が時間を追うごとに少なくなり、「私」の**心理描写**が増えていく。夜、翌朝、昼、夕、最終段落へと移る「私」の心の動きをとらえたい。以下、それをおさえていく。

◆ある夜、「私」夫婦のところに百足が現れた。「私」夫婦は百足を殺してしまおうと思ったが、洗面器の中に落ち込んだ百足は、そこから出ることができない。「私」夫婦は、明日の朝になって百足が洗面器から逃げ出せていたら、助けてやることにする。

◆百足が現れた翌日の朝、百足はまだ洗面器から逃げ出すことができず、弱りだしているのが明らかに見てとれる。「私」は、昼まで待ってやることにした。自分の全能力を発揮できない洗面器の中に偶然にも落ち込んでしまった百足を助けてやりたいと思うが、手をさしのべてやろうとは思わない。**自力で脱出**するのを**黙認**してやりたいと思っている。

◆昼になっても、百足はまだ脱出することができない。「私」は、さらに待つことにした。百足を助けてやりたいとは思うが、**同情は起こらない**。「私」は、この百足に、偶然の不幸に落ち込んだ人間に対するのと似た気持ちも感じた。そのような人間に対し、「私」は一種の苛立ちを感じ、助けたいとは思うが、同情は起こらない。

◆夕方になり、「私」は**百足を殺すことを決めた。**百足はまだ逃げ出すことができず、気力も尽きたように感じられる。「私」は、以前、急流を渡ろうとして失敗を重ねて気力が尽きた赤蛙を思い出す。しかし、敗れたもの、滅びたものの美しさがあった赤蛙と比べ、百足にはみじめな醜さがあるばかりだと感じた。妻は百足を地上に放ってから殺したが、百足は地の気を吸った瞬間に元気を取り戻したという。私は、**可哀想なことをした**という気がした。

(1) 傍線部①のあとに続く内容に着目する。「いくらか安心した余裕をもってなおしばらく観察することにした」に「私」の心情が表されている。また、現れた百足を殺そうとして妻まで呼んだにもかかわらず、その百足が洗面器から逃げ出せずにいる様子を見て「意気地のない奴だなあ」といって笑っていることから、「私」の百足に対する軽侮の感情を読み取る。

(2) 傍線部②のあとの内容に着目する。「剽悍な奴」と評価していた百足が、実は「こんなちょっとしたことでもう身動きがとれなくなって」しまうほど無力であることが露呈した結果、すっかり幻滅して、ついには「いまいましいような腹立たしさ」を感じるようになった「私」の心情を読み取る。**ア**は傍線部②以下で「百足が害をする奴だ、ということとは全然無関係に」とあることから、誤り。**ウ**は人に対して同情が沸かない心理状態との類似性を説明しているが、本文では、「夜片足を溝泥につっこんでばかりいる知人」ではなく、「夜片足を溝泥のなかにつっこんだような不幸を重ねている知人」について述べている。**エ**は**ア**と同様、百足が人に害をなすかどうかは関係がない。**オ**は最終盤の百足の状態を表すものであり、ここでの私の心情とは異なる。

(3) 妻の行動を述べている部分に注目する。「妻は声でそれと察して…叩く物を持ってやってきた」、「妻は洗面器のなかで…武器を持って来た」「逃げたらどうします?」などから読み取る。**ア**「批判している」が誤り、**イ**は「やさしい妻」としているが、最後には百足を殺したことから合わない。百足を地上に放ったことに対しては「死ぬまえにもう一度…妻にあったかどうか」とあるので、「やさしい妻」と評する根拠としては弱い。**エ**は「つきっきり」が誤り。

10 物理学と神

40〜43ページ

(1) ⓐ念頭 ⓑ錯覚 ⓒこうみょう ⓓ挙動 ⓔ過不足

(2) イ

(3) 聖書

(4) 例 近代科学の黎明期においては自然科学の目的は神の存在証明にあったから。（34字）

(5) 例 わざわざ経験しなくても理解できること。

(6) 例 科学者は科学の法則がなぜそのようになるかには答えられず、その正しさについても完全な証明は不可能だから。

ポイント

◆**文章の構成**をとらえ、筆者の論の展開を明確にする。筆者がどんな事柄に対してどんな考えをもっているのかをおさえる。

◆**接続詞**に着目して、文脈をとらえると同時に前後の関係や段落間の関係も把握する。

◆最終段落に示された**筆者の考え**をしっかりととらえるとともに、文章全体の中で、その考えはどんな意味をもつかを考える。

解説

(2) 「所与」を書き下すと「与えられた所のもの」となり、正答の意味となる。同義語に「与件」がある。

(3) 空欄の前の「キリスト教世界である西洋」がヒント。西洋世界で「聖書」が最重要書物であることは知っておきたい一般常識である。

(4) 解答に当たる部分は傍線部②より前にあるが、そのまま引用すると字数制限に合わないので、ひと工夫が必要である。むしろ同じ内容をまとめている次の段落冒頭の表現を利用する。

(5) 評論文などの堅い文章に比較的よく使われる哲学用語で、その定義は本来は複雑な内容を含むが、一般的には「経験する以前の先天的な能力」という意味で使われる。

(6) 「全知」である神との対比において述べられているので、主に人間の営みとしての科学の限界について説明されている箇所をおさえる。具体的には、第三段落の「科学者は、『法則がなぜそのようになるのか』という問いに答えようとしているわけではない」や、「その理論が正しいかどうかの完全な証明は不可能」などの記述を参考に解答をまとめる。

要約

現在の自然科学の目標は、対象である物質の諸法則を明らかにすることにあるが、その法則がなぜそうなるのかという問いにまでは答えられていない。そこで神という存在が出てくるのであるが、そもそも自然科学はその黎明期には神の存在を証明するためのものとして位置づけられ、両者はなんら矛盾していなかった。ところが科学が諸法則を明らかにしていくことが、神の不在を証明する結果を招き、科学者が神の役割を果たすかのような錯覚を抱くまでになった。しかし、相変わらず「なぜ」という根本的な問いには答えられないままなので、科学者は自分に都合のよい神を持ち出すことになるが、このことは逆に科学の限界を示しており、その絶対性への警告となっている。

11　冬の標 ………… 44～47ページ

(1) エ　(2) エ　(3) ア　(4) オ

ポイント

◆前半は、明世が結婚してから暮らしに振り回されて絵を描けなかった日々を振り返り、絵を描こうと**思いを新たにする場面**である。

◆後半は、明世が一日のうちの一刻(約二時間)は自分のために時間を使って絵を描こうと決めて、それを順之助とそでに話すものの、そでに反対されてしまう場面である。

◆明世・順之助・そで以外に、しげ・葦秋・林左衛門・蔀の名前が文章中に挙がるが、葦秋・林左衛門・蔀は文章中に登場しない。「付け届けの覚え書きもできんのか」は、林左衛門の口真似をしたそでの言葉である。文章中にも記述があるように、林左衛門・蔀は故人である。

◆人物の動きや表情についての細かい描写で人物の心理が表現されているので、読み落とさないようにしたい。

解説

(1) 傍線部①の「澱んだ胸の底を浚う」に着目し、傍線部の少し前を読むと、「暮らしに振り回されて生きるうちに澱のようなものが胸に溜まってしまった」が見つかる。「澱」とは、一般に「液体中に沈んだかす」のことだが、ここでは、日々の生活に苦労する中で、明世の心の内奥に蓄積されてきた精神的疲労や苦しみを象徴している。そして、まずはそれを振り払うことができなければ、葦秋のように迷いなく絵に集中するができないというのである。

(2) 「蹉跌」とは、つまずき、失敗、という意味。「奔放」とは、思うままに振る舞うこと、という意味である。

(3) 傍線部③の少しあとにある「そでは亡夫への憎しみを露にした」から、ここでのそでの心情は、夫に対する憎しみだということがわかる。一方で、そでは夫に対する憎しみを抱きながら、明世に向けて言葉を発していることに着目する。夫のために自由な生き方をさせてもらえなかった自分と比べ、毎日自分の時間を確保して絵を描きたいという希望を訴える明世のことを快く思えなかった。自分の人生を振り返ったそでは、亡夫への憎しみが沸き起こり、それを明世にぶつけているのである。

(4) 空欄の前に「持病の痛みも忘れて、いつもより」とあることから、まくし立てているときの「そで」は、肉体的苦痛に苛まれているときと対照的な様子であることがわかる。

12 虞美人草 ……… 48～51ページ

(1) A**ウ** B**イ**
(2) **エ**
(3) **ウ**
(4) この瞬間の意義を、そうかと合点する(十七字)
(5) **ア**
(6) (文学者)小野 (哲学者)甲野(さん・君)

ポイント

◆登場人物を確認し、**相互の関係**をとらえる。
◆**会話文**に着目し、登場人物の人となりをとらえるとともに、お互いが相手をどのように見ているかを明らかにする。
◆比喩的な言い回しの内容をとらえ、**文脈**を明らかにする。

解説

(1) [A]直後に「ぼうっとして」とあるので、**ア**か**ウ**である。あとに「霞の酔っぱらいか」とあることに注意する。[B]で、**ア**の「霞を食って」とは仙人のような人物に対して用いられる語句である。したがって、ここでは文脈がずれる。**エ**ではあとの文のつながりがおかしくなる。

(2) [C]の前の「酔っぱらいは酔っぱらいらしくするがいい」「そうか、それじゃご免こうむろう」という会話を受けている。「酔っぱらいは酔っぱらいらしく」であるから、**ア**はあてはまらない。**イ**は「つまらないところに、その場にふさわしくない優れたものがいる」という意味なので、文脈に合わない。**ウ**は「大変賢い人は知識をひけらかしたりしない」という意味なので、文脈に合わない。「それじゃご免こうむろう」と素直に従ったことを**エ**のように言ったのである。

(3) 傍線部①の直前に「さびしげに笑った」とあり、またあとに「幾多の表情のうちで、あるものは必ず人の肺腑に入る」とある。甲野さんのさびしげな表情の底にある心情が、宗近君の心に通っていったのである。

(4) 問いには「同じ意味をもった」とあるが、「捕まえた」と同じようなことを具体的に示した部分と考えるほうがよい。何を捕まえたのか。それは(3)でも示されている、甲野さんの心底の思いである。甲野さんの心情を理解するということである。

(5) (3)・(4)の流れで考える。[D]には、甲野さんの心底を、わずかな表情の変化から理解する人を説明した語が入る。**エ**の「相手」では漠然としすぎる。

(6) 冒頭の会話文に「一体文学者は軽いからいけない」「こっちもあんまり重くはない方だからね」とある。これらから考えると、ここにいる二人とも文学者ではないことになる。ここで話題になっているのは小野であり、「文学者」ということになる。「哲学者」を示す言葉は九つ目の会話文にあり、ここは、話している相手を称して「哲学者」といっていると考えることができる。話しているのは誰で、相手は誰かをとらえる。

13 大導寺信輔の半生 52〜55ページ

(1) ⓐどんよく ⓑひっきょう ⓒそ
(2) **オ**
(3) **ウ**
(4) 格闘
(5) **エ**
(6) 生死
(7) 鋭い犬歯
(8) **エ**
(9) **ウ**

ポイント

◆次々と示される主人公のエピソードをしっかりおさえ、主人公がどんな人物で、どんなことにこだわり、苦しんでいるかをその**心情**とともに理解する。

◆繰り返される表現や語句(「友だちを作ることは出来なかった」や「頭脳」)がどんな意味をもっているかを考えながら読み進める。

◆やや堅い**文語的な表現**に読み慣れる。

解説

(2) 「路傍」とは道ばたという意味。ここで「路傍の人」とは、「自分とは関係ない人」を表す。

(3) [A]の直前の二文に着目する。優しい感情などを持たなくてもよいとある。ここから連想されるのは、**ウ**しかない。

(4) [B]の直前の「打ち倒したり……打ち倒されたり」に着目するとよい。これを受けて「この精神的〜」といっている。それがわかれば「格闘」が入ると判断できる。

(5) 選択肢はいずれも基本的な文学史の知識である。**ア**は森鷗外、**イ**は二葉亭四迷、**ウ**は夏目漱石、**オ**は太宰治の作品である。武者小路実篤は白樺派の作家で、他の作品としては『お目出たき人』『真理先生』などがある。

(6) [C]の直前の「小事件」が示す部分をおさえる。「灯取虫は深い闇の中から突然きらびやかに生まれて来た。が、炎に触れるが早いか、嘘のようにぱたぱたと死んで行った」がそうである。

(7) 傍線部③のあとの「そのためにまた下流階級に」「病的な憧憬(しょうけい)を感じ」に着目し、まず社会的階級の差別に関わるものであることをおさえる。その上で、銅貨を海に投げ入れて「潜り」の少年たちや海女(あま)を自らの意志通りに行動させ、それに喜びを感じていることに着目し、それらを比喩的に表現している箇所を探せばよい。

(8) [D]からは判別が難しい。[E]から考えると「箱の銀紙に包んだ」がヒントとなる。ここから**エ**の「きらきら」を選択する。

(9) 銅貨を海に投げ入れ、それを取りに海へ潜る少年たちや海女の姿を見て楽しむような「笑い」である。「悲喜こもごも」「同情的」は候補から外せる。**ア・イ・ウ**が候補となるが、この「笑い」は声を上げて笑うのではなく、「微笑」がふさわしいだろう。